この本の特色としくみ

本書は，中学地理の内容を3段階のレベルに分け，それらをステップ式で学習できるようにした問題集です。各単元は，Step1（基本問題）とStep2（標準問題）の順になっていて，章の節目や章末にはStep3（実力問題）があります。

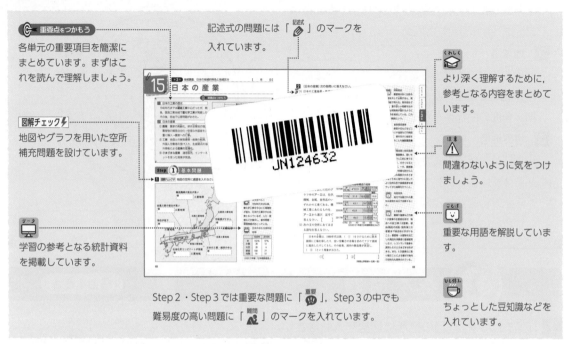

🔍 **重要点をつかもう**
各単元の重要項目を簡潔にまとめています。まずはこれを読んで理解しましょう。

図解チェック⚡
地図やグラフを用いた空所補充問題を設けています。

記述式の問題には「📝」のマークを入れています。

🎓 **くわしく**
より深く理解するために，参考となる内容をまとめています。

⚠ **注意**
間違わないように気をつけましょう。

😊 **ことば**
重要な用語を解説しています。

📊 **データ**
学習の参考となる統計資料を掲載しています。

Step2・Step3では重要な問題に「重要 ⚓」，Step3の中でも難易度の高い問題に「難問 🧩」のマークを入れています。

☕ **ひと休み**
ちょっとした豆知識などを入れています。

もくじ

💻 本書に関する最新情報は，小社ホームページにある本書の「サポート情報」をご覧ください。（開設していない場合もございます。）
なお，この本の内容についての責任は小社にあり，内容に関するご質問は直接小社におよせください。

地球儀と世界地図

🎯 重要点をつかもう

1 地 球

半径約 6,400 km, 全周約 40,000 km, 表面積は約5.1億 km²の球体である。

2 地球儀

地球をそのまま縮小した模型である。地球の全容を簡単に知ることができる。**距離・方位・面積・角度の関係がそれぞれ正しい。**

3 世界地図

① 地球は球体であるため, 平面ですべてを正確には表せない。そのため様々な世界地図がある。

② 正距方位図法は, 図の中心からの距離と方位が正しい地図である。

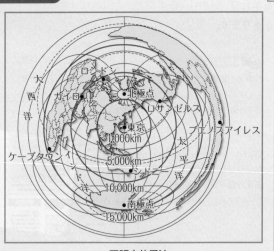

▲正距方位図法

Step 1 基本問題

解答▶別冊1ページ

1 図解チェック⚡ 地図の空所に適語を入れなさい。

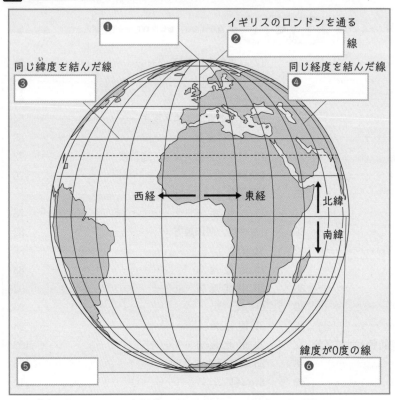

❶

イギリスのロンドンを通る
❷　　　　　　　　　線

同じ緯度を結んだ線
❸

同じ経度を結んだ線
❹

西経 ← → 東経

北緯

南緯

緯度が0度の線
❻

❺

Guide

👨‍🎓 くわしく **地球の傾きと緯度の違い**

地球は傾いて回転しているため, 高緯度では季節によって太陽が沈まない時期や沈んでも明るい夜(白夜)が続くことがある。また, **北半球**と**南半球**では季節が逆になり, 低緯度(赤道付近)ほど高温になるなど, 緯度の違いは季節や気温に影響を与える。

😊 ことば **水の惑星**

地球の陸地と海洋の面積比はおよそ3：7である。つまり, 地球の3分の2以上が水でおおわれており, 宇宙から地球を見ると青く輝いていることから, 地球は「水の惑星」と呼ばれている。

2 [緯線・経線] 次の地図を見て，各問いに答えなさい。

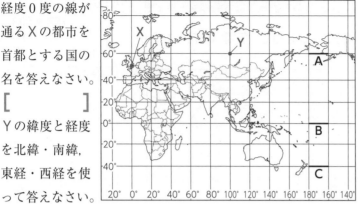

(1) 経度0度の線が通るXの都市を首都とする国の名を答えなさい。
[   ]

(2) Yの緯度と経度を北緯・南緯，東経・西経を使って答えなさい。

緯度[   ]度　　経度[   ]度

(3) 地図中で示したA〜Cのうち，実際の距離が最も長いものと最も短いものを，それぞれA〜Cから選び，記号で答えなさい。

最も長いもの[   ]　　最も短いもの[   ]

(4) 地図の特徴を述べた次の文中の空所にあてはまることばを答えなさい。　①[   ]　　②[   ]

> 緯線と経線が（　①　）に交わったこの地図では，緯度が高くなるほど，面積が実際よりも（　②　）表される。

〔北海道－改〕

3 [世界地図] 次の地図1・2を見て，各問いに答えなさい。

(1) 地図1の図法を何といいますか。
[   ]

(2) 地図1の図法では，中心である東京からの何が正しくえがかれているか。2つ答えなさい。
[   ]
[   ]

地図1

(3) 東京とノーフォークの最短距離として最も適切なものを，地図2中のア〜オから1つ選び，記号で答えなさい。
[   ]

地図2

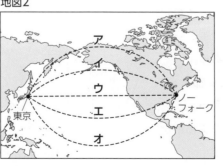

〔埼玉－改〕

第1章
第2章
第3章
第4章

注意　地球上の位置

⚠　0度の経線をさかいにして，その東側を**東経**，西側を**西経**として数える（それぞれ0〜180度）。また，緯度が0度である赤道をさかいにして，その北側を**北緯**，南側を**南緯**と呼んで数える（それぞれ0〜90度）。

注意　メルカトル図法

⚠　経線と緯線が直角に交わるので**角度が正しく表される**（おもに航海図に用いられる）。しかし，極地方に近づくほど距離・面積などが実際より拡大され，方位も誤りやすい。

ことば　正距方位図法

💬　図の中心からの方位と距離が正しく表される地図。中心と任意の点を結んだ直線は最短距離である（**大圏航路**〈大圏コース〉）。

くわしく　モルワイデ図法

🎓　面積が正しい地図。高緯度地方や左右の端へいくと形がゆがむ。

Step ② 標準問題

時間	合格点	得点
25分	70点	点

解答▶別冊1ページ

1 [地球儀と世界地図] 略地図Ⅰ～Ⅲを見て, 各問いに答えなさい。

1 (1)・(4)5点×4
他10点×2－40点

略地図Ⅰ

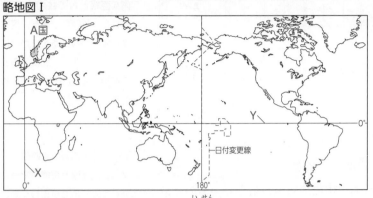

	X	
(1)	Y	
(2)		
(3)		
(4)	①	
	②	

(1) 略地図Ⅰ中のXの経線, Yの緯線を特に何というか, それぞれ答えなさい。

(2) 略地図Ⅰ中のA国などの高緯度地域で見られる太陽が沈んでも薄明るい現象や, 太陽が1日中沈まない現象を何といいますか。

(3) 東京からの距離と方位が正しく表されている略地図Ⅱについての説明として正しいものを次のア～ウから1つ選び, 記号で答えなさい。

略地図Ⅱ

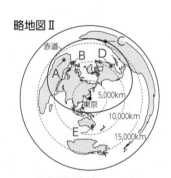

　ア　都市B・C・Dは東京から15,000 km 以内に位置している。

　イ　東京から最短距離で移動するとき, 日付変更線上を通過するのは都市A・Dである。

　ウ　都市Eは南半球に位置する。

(4) 略地図Ⅲは, 地球儀を東京が中心になるように正面から見てえがいたものである。なお, 経線と緯線はいずれも20度間隔である。

略地図Ⅲ

　①東京と季節が逆になる都市を4都市から1つ選びなさい。

重要
　②西経に位置する都市を5都市から1つ選びなさい。

〔徳島・岡山－改〕

ワンポイント

(2) 南極や北極に近い高緯度地域で見られる現象である。

(3) 日付変更線は太平洋上にあり, おおよそ経度180度に沿って引かれている (略地図Ⅰ参照)。

(4)①地軸が傾いているため, 北半球と南半球では季節が逆になる。
　②西経は, 経度180度より東に経度0度までの範囲である。

2 [図法の特徴] 次の地図1・2を見て，各問いに答えなさい。

地図1　中心 (佐賀) からの距離と方位が正しい地図

地図2　緯線(いせん)と経線が直角に交わった地図

(1) 地図1の佐賀から真東に向かう直線を引きなさい。ただし，直線は地図の外周を表す円まで引くこと。

重要 (2) 地図1には，佐賀からニューヨークまでの最短コースを示した直線が引かれている。このコースを地図2に示したものとして最も適当なものを，ア～ウから1つ選び，記号で答えなさい。

(3) 佐賀の，地球の中心を通った反対側の地点として最も適当なものを，地図2中のA～Dから1つ選び，記号で答えなさい。

記述 (4) 地図2の図法の短所を，「緯度」と「面積」という語句を使って答えなさい。
〔佐賀・愛媛－改〕

3 [地図の読み方] 次の地図1～地図3は，世界の一部地域を表した略地図である。あとの各問いに答えなさい。なお，Ⅰ～Ⅲは経線を示しており，各地図の縮尺は異なる。

地図1

注　■はA国の主な領域

地図2

地図3

(1) 地図1～地図3に関する文として内容が適当なものを，次のア～ウから1つ選び，記号で答えなさい。

　ア　A国は，日本より人口密度が高い。

　イ　地図2と地図3にインド洋が見られる。

　ウ　Xは，Yから見て地球の中心を通った反対側の地点である。

(2) Ⅰ～Ⅲのそれぞれの間を赤道に沿って東向きに移動するとき，移動距離が最も小さいものを，次のア～ウから1つ選び，記号で答えなさい。

　ア　ⅠからⅡ　　イ　ⅡからⅢ　　ウ　ⅢからⅠ
〔岡山－改〕

2 (10点×4－40点)

(1)
(地図1に示す)
(2)
(3)
(4)

ワンポイント

(3) 地図1で，佐賀から最も遠い大陸がどこかを確かめる。

(4) 北極近くにあるグリーンランドがかなり大きく表されている。

3 (10点×2－20点)

(1)
(2)

ワンポイント

(2) Ⅰは北アメリカ大陸の東岸を通っているので，西経70～80度，Ⅱはアフリカ西部を通っているので，経度0度，Ⅲは日本を通っているので，東経135度と考える。0度の経線を基準に経度は決められているので，東経でも西経でも，度数が小さいほど0度の経線に近い。

第1章　第2章　第3章　第4章

2 世界の国々と地域区分

🎯 重要点をつかもう

1 世界の地域区分

① 世界には**六大陸**と**三大洋**がある。

② **地域区分**　例として世界を**6州**で区分。

アジア州，ヨーロッパ州，オセアニア州，アフリカ州，北アメリカ州，南アメリカ州

2 世界の独立国と国際連合

① 200近い独立国がある。

② 2020年10月現在，国際連合には**193か国**が加盟している。国際連合は第二次世界大戦後の**1945年**に発足した。

③ 国と国との境界を**国境**という。

④ 独立国の3要素　**領土，国民，主権**の3つ。

▲六大陸と三大洋

Step 1 基本問題

解答▶別冊2ページ

1 　図解チェック⚡ 地図の空所に適語を入れなさい。

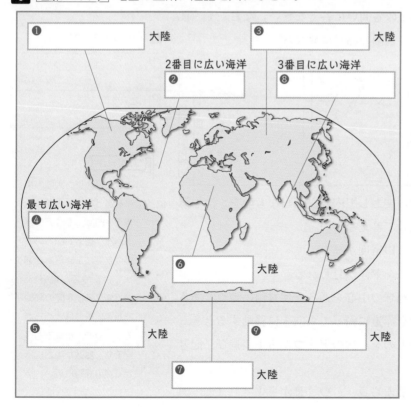

❶ ［　　　　　］大陸
❸ ［　　　　　］大陸
2番目に広い海洋 ❷ ［　　　　　］
3番目に広い海洋 ❽ ［　　　　　］
最も広い海洋 ❹ ［　　　　　］
❻ ［　　　　　］大陸
❺ ［　　　　　］大陸
❾ ［　　　　　］大陸
❼ ［　　　　　］大陸

Guide

国境
国境には山脈や河川，湖，海など自然の地形を利用したものと緯線や経線を利用した人為的なものがある。後者はかつてヨーロッパの植民地であったアフリカ大陸の国々で多く見られる。

アジア州
アジア州はさらにシベリア，東アジア，東南アジア，南アジア，中央アジア，西アジアに分けることがある。

2 [世界の国々] 次の資料を見て，各問いに答えなさい。

資料　世界遺産の多い国12か国 （2020年7月）

順位	国名	世界遺産の登録件数
1	イタリア	55
1	中国	55
3	スペイン	48
4	ドイツ	46
5	フランス	45
6	インド	38
7	メキシコ	35
8	イギリス	32
9	ロシア	29
10	イラン	24
10	アメリカ	24
12	日本	23

（外務省資料ほか）

※この地図では，緯線と経線が直角に交わっている。

(1) 資料中の12か国のうち，最も多くの国が位置している大陸名を答えなさい。　［　　　　　　　］

(2) 資料中の12か国には，世界で最も面積が広い国と，最も人口が多い国が含まれている。それぞれの国名を答えなさい。
　　面積［　　　　　　　］　　人口［　　　　　　　］

(3) 資料中の12か国のうち，メキシコ以外で大西洋と太平洋に面している国の国名を答えなさい。　［　　　　　　　］

〔宮崎－改〕

3 [地域区分] 次の略地図Ⅰと略地図Ⅱは，地球をそれぞれ別の向きから見たものであり，経線は本初子午線から60度ごとに引かれている。略地図Ⅰ・Ⅱを見て，各問いに答えなさい。

略地図Ⅰ

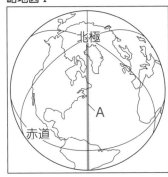

略地図Ⅱ

(1) 略地図Ⅱ中の経線のうち，略地図Ⅰ中のAと同じ経度の経線はどれか。**ア～カ**から１つ選び，記号で答えなさい。　［　　　　］

(2) 略地図Ⅰ・Ⅱの両方で見られる２つの大陸名を答えなさい。
　　［　　　　　　　］［　　　　　　　］

(3) Ｂ国の国名と，Ｂ国が属している州名を答えなさい。
　　国名［　　　　　　　］　　州［　　　　　　　］

〔徳島－改〕

注意　世界の国の数
世界には日本が承認している195か国に日本を加えた196か国の国がある。日本が承認している国のうちバチカン市国，コソボ，クック諸島，ニウエは国連未加盟。日本が承認していない北朝鮮は国連に加盟している（2020年３月末現在）。

くわしく　いろいろな国々
面積の大きな国には，**ロシア連邦**・カナダ・中国・アメリカ合衆国などがあり，面積の小さな国には，バチカン市国・モナコ公国・ナウル共和国などがある。

注意　各州のおもな国
■**アジア州**─中国，韓国，ベトナム，タイ，インドネシア，インド，サウジアラビア。
■**ヨーロッパ州**─ドイツ，フランス，イギリス，オランダ，イタリア，スペイン，ノルウェー。
■**アフリカ州**─エジプト，ガーナ，コートジボワール，南アフリカ共和国。
■**北アメリカ州**─カナダ，アメリカ合衆国，メキシコ，キューバ。
■**南アメリカ州**─ブラジル，アルゼンチン，ペルー，チリ，ベネズエラ。
■**オセアニア州**─オーストラリア，ニュージーランド，パプアニューギニア。

Step **2** 標準問題

時間 25分　合格点 70点　得点 点

解答▶別冊2ページ

1 [世界の地域区分] 次の各問いに答えなさい。

重要 (1) 右の図は，1955年から2019年までの世界の地域別の人口推移を示したものである。アジア州の人口推移を，図中の**ア〜エ**から1つ選び，記号で答えなさい。

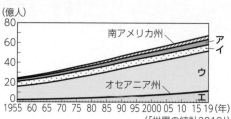
(億人)
南アメリカ州　ア
イ
ウ
オセアニア州　エ
1955 60 65 70 75 80 85 90 95 2000 05 10 15 19(年)
(「世界の統計2019」)

記述式 (2) アフリカ州のほとんどの地域は，19世紀末までにヨーロッパの植民地になった。第二次世界大戦後にその多くは独立したが，国境線は，植民地時代に引かれた境界線をそのまま使っているところが多い。多くの民族が暮らしているアフリカで，独立後も，各地で民族間の対立が続いている理由を，植民地時代の境界線の引かれ方に関連づけて，簡潔に答えなさい。

〔山口・静岡〕

2 [世界の国々] 右の地図1は北半球を，地図2は南半球を表した地図である。次の各問いに答えなさい。

重要 (1) A〜Dの国は，それぞれ世界の6つの州のうちの何州に含まれるか，答えなさい。

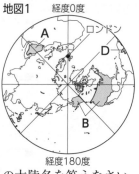
地図1　経度0度
A
ロンドン
D
B
経度180度

地図2　経度180度
C
X
D
経度0度

(2) 地図2中のXの大陸名を答えなさい。

(3) 次のⅠ〜Ⅲのすべてにあてはまる国をA〜Dから1つ選び，記号で答えなさい。

> Ⅰ　ヨーロッパの国の植民地になったことがあるため，おもに使われている言語はその影響を受けている。
> Ⅱ　大豆などの農産物生産量が多く，自動車や航空機などの製造もさかんである。
> Ⅲ　北部には西から東に国土を貫いて大西洋に注ぐ大きな河川が流れ，その川沿いには伝統的な高床の住居が見られる。

〔福島－改〕

1 （10点×2－20点）

(1)

(2)

ワンポイント
(1) アジア州には，人口が世界1位の中国や2位のインドが含まれている。
(2) アフリカ州では，多くの国境線に緯線や経線が利用された。

2 （5点×6－30点）

(1)	A
	B
	C
	D
(2)	
(3)	

ワンポイント
(1) 地図1は北極を中心にした地図，地図2は南極を中心にした地図である。
(3) 北部に流域面積が世界最大の河川が流れ，その流域には熱帯雨林が広がる。

3 [緯度と経度] 次の略地図を見て，各問いに答えなさい。

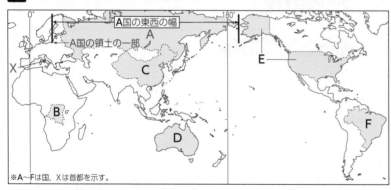

※A〜Fは国，Xは首都を示す。

3 （10点×5－50点）

(1)	P
	Q
(2)	
(3)	
(4)	

世界最大の面積のA国は，六大陸の1つの P 大陸にある東西の幅が大きな国で，豊富な資源に恵まれている。これに対して，世界最小の面積の Q は，函館市とほぼ同じ緯度のXの中にある国で，キリスト教カトリック教会の本部がある。

重要(1) P ， Q にあてはまる大陸名と国名を答えなさい。

(2) A国の東西の幅（経度差）と，Xの緯度の組み合わせとして，最も適当なものを次のア〜エから1つ選び，記号で答えなさい。

　ア　経度差約130度　　北緯約31度

　イ　経度差約130度　　北緯約42度

　ウ　経度差約170度　　北緯約31度

　エ　経度差約170度　　北緯約42度

(3) 次の文は，ある国の特徴を述べたものである。この国を略地図中のB〜Fから1つ選び，記号で答えなさい。

この国は，かつてイギリスの植民地であったことから，イギリス連邦に加盟し，国旗の一部にも，イギリスの国旗であるユニオンジャックをとり入れている。また，北東部の海岸には，グレートバリアリーフと呼ばれる世界最大のさんご礁群が連なり，世界自然遺産に登録されている。

(4) 右の資料は，本初子午線と赤道を軸として，経線と緯線が直角に交わるようにかいた模式図であり，・で示したア〜エはそれぞれ，略地図中のB〜Fのいずれかの首都の位置を表したものである。Bの首都の位置として適切なものを，略地図を参考にして，ア〜エから1つ選び，記号で答えなさい。

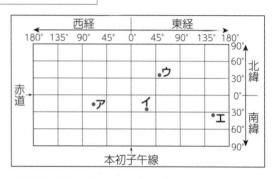

〔鹿児島・高知－改〕

3 日本の地域構成

重要点をつかもう

1 日本の領域

領域 領土，領海，領空からなる。また，領海の外には**排他的経済水域**がある。

2 日本の地域構成

① **47都道府県** 日本は1都1道2府43県に分けられる。都道府県名と都道府県庁所在都市名が同じところが多いが，異なる場合もある。

② **地方区分** 北海道，東北，関東，中部，近畿，中国・四国，九州の各地方に分けられる。また，**フォッサマグナ**(大地溝帯)を境に**東日本**と**西日本**に分ける方法などもある。

3 領土をめぐる問題

北方領土→ロシアが不法占拠，**竹島**→韓国が不法占拠，**尖閣諸島**→中国・台湾が領有権を主張。

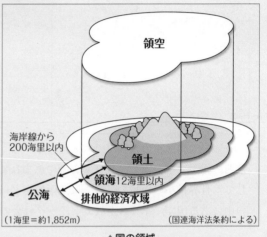

領空

海岸線から200海里以内

領土

領海12海里以内

公海

排他的経済水域

(1海里＝約1,852m) (国連海洋法条約による)

▲国の領域

Step 1 基本問題

解答▶別冊2ページ

1 **図解チェック** 地図の空所に適語を入れなさい。

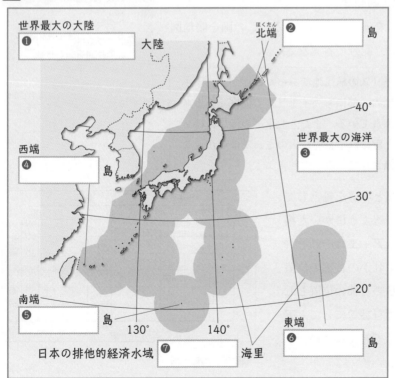

世界最大の大陸
❶ 大陸

北端
❷ 島

40°

世界最大の海洋
❸

西端
❹ 島

30°

20°

南端
❺ 島

130° 140°

東端
❻ 島

日本の排他的経済水域 ❼ 海里

Guide

沖ノ鳥島
日本の最南端の島。この島は，さんご礁の島で，満潮時には島のほとんどがかくれてしまうが，日本の**排他的経済水域**を確保する点で重要であるため，巨額の費用を投じて護岸工事が行われた。

日本の排他的経済水域
沿岸の国が水産資源や鉱産資源を利用する権利をもつ，海岸線から200海里(約370km)の範囲の海域(領海の範囲をのぞく)。日本はまわりを海で囲まれているため，排他的経済水域はとても広く，世界第6位。領海と合わせると国土面積の10倍以上になる。

2 [国家の領域] 次の各問いに答えなさい。

(1) 図は国家の領域を表したものである。領空の範囲を示しているものを，図中の**ア～エ**から１つ選び，記号で答えなさい。　[　　　]

(2) 排他的経済水域を，図中の**ア～エ**から１つ選び，記号で答えなさい。　[　　　]

(3) 図の（　）にはほとんどの国で共通の数字が入る。その数字として正しいものを，次の**ア～エ**から１つ選びなさい。　[　　　]

ア 12　　**イ** 50　　**ウ** 100　　**エ** 200

3 [時　差] 時差に関する次の各問いに答えなさい。

(1) 日本の標準時を定める経度は何度か，東経，西経もつけて答えなさい。　[　　　　　　　]

(2) 次の文の空所にあてはまることばや数字を答えなさい。

> 地球は24時間で１回転するので，経度（　①　）度ごとに１時間の時差が生じる。つまり，（　②　）線が通るイギリスと日本との時差は（　③　）時間である。

①[　　　]　②[　　　　　　]　③[　　　　]

(3) 東京が10月１日午前６時のとき，イギリスのロンドンは何月何日の何時か。午前，午後もつけて答えなさい。

[　　　　　　　　　]

4 [日本の地域構成] 右の地図を見て，次の各問いに答えなさい。

(1) 日本を７地方区分に分けたとき，地図中のＡ～Ｆのいずれの道県も属していない地方名を答えなさい。

[　　　　　　　]

(2) 右下の拡大図は，地図中の東経134度の経線が通過する地域を示している。東経134度の経線が通過する県のうち，県名と県庁所在地名が異なる県の，県庁所在都市名を漢字で答えなさい。

[　　　　　　　]

〔石川・千葉－改〕

地図

東経134度の経線

ことば　領域（国土）
領域は領土・領海・領空からなり，その国の主権が及ぶ範囲である。
■領　土—その国の主権が及ぶ陸地。
■領　海—領土に接する海で，日本は海岸線から12海里（約22km）を領海としている。
■領　空—領土と領海の上空。宇宙空間は領有できない。

くわしく　日本の領土
日本の領土は，北海道・本州・四国・九州の４つの大きな島と，１万4,000ほどの小さな島々からなり立っている。日本の領土の面積は約38万km²，形は細長い弓の形をしており，北東から南西に約3,000km ある。

注意　領土をめぐる問題
北方領土はロシア連邦が，竹島は韓国が不法占拠しているが，いずれの島も日本固有の領土である。尖閣諸島は，日本が固有の領土として実効支配を続けているが，中国や台湾が領有権を主張している。

くわしく　地方区分
中部地方のうち，日本海に面する地域を北陸地方，太平洋に面する地域を東海地方と呼ぶこともある。また，日本を８地方区分に分けると，中国・四国地方はそれぞれ中国地方と四国地方とに分かれる。中国地方はさらに日本海側の山陰地方と瀬戸内側の山陽地方に分けることもある。

Step 2 標準問題

時間	合格点	得点
20分	70点	点

解答▶別冊3ページ

重要 **1** [日本の領域] 右の地図を見て，次の各問いに答えなさい。

(1) 略地図のＸ，Ｙ山脈を含む造山帯名を答えなさい。

(2) 略地図のＡは，わが国の最南端に位置する島を示している。この島について述べた次の文の ① ， ② にあてはまる数字を答えなさい。

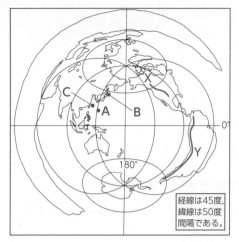

経線は45度，緯線は50度間隔である。

> わが国は原則として干潮のときの海岸線から ① 海里の範囲を領海としている。さらに，海岸線から ② 海里までの範囲のうち領海を除く部分を排他的経済水域としている。この経済水域の縮小を防ぐため，波の侵食から島を守る工事が行われた。

(3) 略地図のＢは日本の北端に，Ｃは日本の西端に位置する島である。それぞれ何という島か答えなさい。　　〔愛媛・神奈川―改〕

重要 **2** [排他的経済水域] 右の資料は，ニュージーランド・オーストラリア・カナダ・日本のそれぞれの国土面積を100としたときの領海と排他的経済水域の合計面積を示したものである。日本にあたるものを，ａ～ｃから1つ選び，記号で答えなさい。　　〔奈　良〕

資料

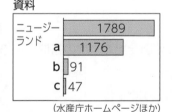

(水産庁ホームページほか)

3 [日本の地方区分と都道府県] 次の各問いに答えなさい。

(1) 右の資料は，日本の7つの地方の面積と人口の割合を表している。このうち，九州地方を表しているものを，ａ～ｄから1つ選び，記号で答えなさい。

面積	a 22.1%	東北 17.7	b 17.7	13.4	c 11.8	近畿 8.7	d 8.6

中国・四国┐

人口	d 34.4%	近畿 17.7	b 16.8	c 11.3	8.7	東北 6.9

a4.2　中国・四国┘

(2019年)　(2020/21年版「日本国勢図会」)

(2) 北陸地方に含まれる県のうち，県名と県庁所在地名の異なる県が1つある。その県名を答えなさい。　　〔青森・静岡―改〕

1 (8点×5－40点)

(1)	
(2)	①
	②
(3)	Ｂ
	Ｃ

ワンポイント
(1) 日本列島は太平洋をとり囲む造山帯の一部である。
(2) 1海里は約1,852m。①・②で問われている海里をkmに直すと，①は約22km，②は約370km。

2 (5点)

ワンポイント
日本は海に囲まれた島国(海洋国)であることに留意する。

3 (5点×2－10点)

(1)	
(2)	

ワンポイント
(1) 北海道地方は，面積は最大だが，人口は最少である。

4 [日本の国土と面積] 次の文は，日本の国土と面積について述べたものである。これを読んで，各問いに答えなさい。

> ・日本は，経度でみると，およそ東経（　A　）度から（　B　）度の間にある。日本の標準時は，東経（　C　）度の経線で定めていて，日本は東西に長いので，東の端と西の端では日の出・日の入の時刻が大きく違っている。また，緯度でみると，およそ北緯（　D　）度から（　E　）度の間にあり，南北に長いことから，南部と北部では気候にかなりの違いが見られる。
>
> ・日本の面積は約（　F　）万 km² あり，北海道，本州，四国，九州の４つの大きな島と周辺の小さな島々からなっている。また，日本列島は，北海道の宗谷岬から沖縄の与那国島まで直線距離で約（　G　）km あり，弓のような形にのびている。

(1) （　A　）・（　B　）にあてはまる数字の組み合わせとして適切なものを次の**ア～ケ**から１つ選び，記号で答えなさい。

	ア	イ	ウ	エ	オ	カ	キ	ク	ケ
A	102	102	102	112	112	112	122	122	122
B	144	154	164	144	154	164	144	154	164

(2) （　C　）にあてはまる数値を答えなさい。

(3) （　D　）・（　E　）にあてはまる数字の組み合わせとして適切なものを次の**ア～ケ**から１つ選び，記号で答えなさい。

	ア	イ	ウ	エ	オ	カ	キ	ク	ケ
D	15	15	15	20	20	20	25	25	25
E	46	51	56	46	51	56	46	51	56

重要 (4) （　F　）に最も適切な数値を答えなさい。

重要 (5) （　G　）にあてはまる数値として適切なものを次の**ア～エ**から１つ選び，記号で答えなさい。

ア 1,000　　**イ** 3,000

ウ 5,000　　**エ** 7,000

〔東京学芸大附高－改〕

重要 **5** [時差] サンフランシスコの空港を現地時刻で12月１日午後５時に出発する飛行機に乗り，12時間かかって日本の空港に到着した。到着した時刻は，日本の時刻で何月何日の何時何分であったか，午前か午後をつけて答えなさい。ただし，サンフランシスコの標準時子午線の経度は，西経120度である。〔徳島〕

4 （8点×5－40点）

(1)	
(2)	
(3)	
(4)	
(5)	

第1章　第2章　第3章　第4章

ワンポイント

(2) 日本は，０度の経線が通るイギリスのロンドンと９時間の時差がある。経度15度で１時間の時差が生じる。

(4) ロシアの面積は1,710万 km² で日本の約45倍，カナダの面積は999万 km² で日本の約26倍，アメリカ合衆国の面積は983万 km² で日本の約26倍。

5 （5点）

ワンポイント

経度差は日付変更線をまたがず求めるようにしよう。

Step ③ 実力問題

時間	合格点	得点
30分	70点	点

解答▶別冊3ページ

1 次の略地図1・2を見て，あとの各問いに答えなさい。(50点)

略地図1

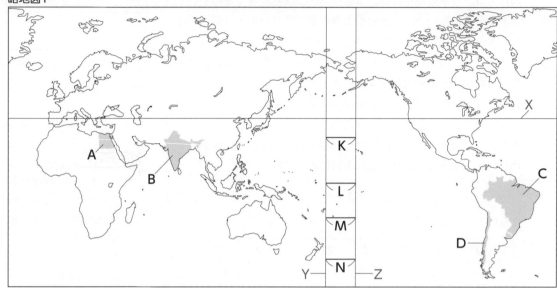

略地図2

(1) 略地図1中Xの線は，緯線（いせん）を示している。この線が示す緯度は何度か，次のア～エから1つ選び，記号で答えなさい。(10点)

ア 北緯10度　　イ 北緯20度

ウ 北緯30度　　エ 北緯40度

重要
(2) 赤道が通過する国を，略地図1のA～Dから1つ選び，記号で答えなさい。また，その国名も答えなさい。(各10点)

重要
(3) 略地図1中YとZは，それぞれ西経180(＝東経180度)，西経150度の経線を示している。また，略地図1中K～Nは，それぞれの緯度におけるYとZの間の緯線を示している。地球上の実際の長さが最も長いものを，K～Nから1つ選び，記号で答えなさい。(10点)

(4) 略地図1と東京からの距離（きょり）と方位が正しい略地図2を見て，東京から略地図1中A～Dの国への移動について正しく説明しているものを，次から1つ選び，記号で答えなさい。(10点)

ア 最短距離でA国に向かうと，インド洋をこえ，本初子午線（ほんしょしごせん）を通過する。

イ 北西の方向に進み，インド洋を通過し，東京から約5,000kmでB国に到着（とうちゃく）する。

ウ 北東の方角に進み，太平洋を通過し，東京から約10,000kmでC国に到着する。

エ 最短距離でD国までは15,000km以上あり，太平洋上の180度の経線を通過する。

〔静岡・滋賀・徳島－改〕

(1)		(2)	記号	国名		(3)		(4)	

2 右の略地図を見て，各問いに答えなさい。(50点)

重要 (1) 次の文の ① にあてはまる語句を，漢字2字で答えなさい。また， ② にあてはまる語句を答えなさい。(各5点)

> 略地図の ╰╌╌╯ で囲まれた島々は日本固有の領土であり， ① 領土とよばれている。これらの島々のうち，最も面積が広いのは， ② 島である。

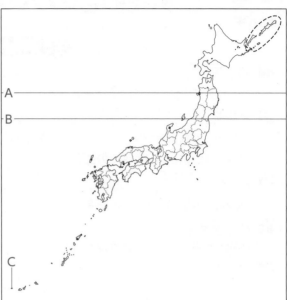

(2) A，Bは緯線を示している。A，Bの緯度の組み合わせとして適切なものを，次の**ア～エ**の中から1つ選び，記号で答えなさい。(10点)

ア A−北緯38度　B−北緯40度

イ A−北緯40度　B−北緯38度

ウ A−北緯40度　B−北緯42度

エ A−北緯42度　B−北緯40度

重要 (3) 略地図のC島は日本の西端である。C島の名を，次の**ア～エ**から1つ選び，記号で答えなさい。(10点)

ア 南鳥島　　　　**イ** 与那国島　　　**ウ** 沖ノ鳥島　　　**エ** 竹島

(4) 次の4つの条件にあてはまる都道府県名とその都道府県庁所在都市名をそれぞれ答えなさい。(各5点)

> 1．関東地方に属している。　　2．都道府県名と都道府県庁所在都市名が異なる。
> 3．新潟県と陸で接している。　4．内陸県である。

(5) 日本の成田国際空港を12月1日の午後4時40分に出発した飛行機が，ニューヨークの空港に現地時間で12月1日の午後3時10分に到着した。この飛行機のフライト時間は何時間何分であったか，答えなさい。なお，ニューヨークの標準時子午線の経度は，西経75度である。(10点)

〔北海道・福島・富山−改〕

(1)	①		②		(2)	(3)	
(4)	都道府県名		都道府県庁所在都市名		(5)		

1 (3)緯線の中で最も長いのは赤道で，長さは約4万kmである。ちなみに経線は北極点と南極点を結んでいるので，どれも長さは同じである。

2 (5)飛行機が成田国際空港を出発するときのニューヨークの日時を求めておく。

4. 世界各地の人々の生活と環境

●← 重要点をつかもう

1 熱 帯

一年を通して気温が高く，雨が多い。

2 乾燥帯

一年を通して降水量が少ない。昼と夜，夏と冬の気温の差が激しい→**砂漠での生活**。

3 温 帯

年間の気温の変化が大きく，**四季がある**。

4 冷帯(亜寒帯)

冬の寒さが厳しく，夏には気温が高くなる。

5 寒 帯

北極・南極あたりを中心に一年を通して寒さが厳しい→北極海沿岸のイヌイットの生活。

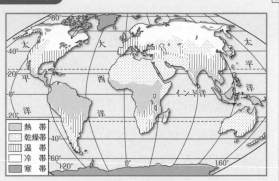

▲世界の気候区分

熱　帯
乾燥帯
温　帯
冷　帯
寒　帯

Step 1 基本問題

解答▶別冊3ページ

1 **図解チェック⚡** 下の雨温図にあてはまる気候帯を次から選びなさい。〔熱帯　乾燥帯　温帯　冷帯(亜寒帯)〕

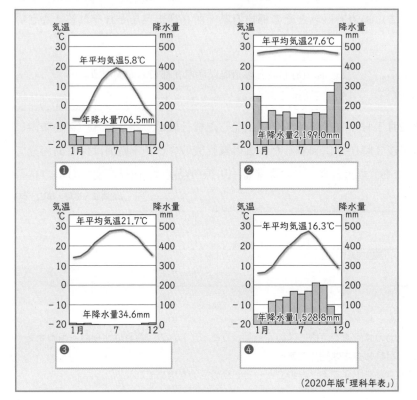

❶　　　　　　　　　　❷

❸　　　　　　　　　　❹

(2020年版「理科年表」)

Guide

ことば イヌイット
北極海沿岸で生活する人々。昔ながらの狩猟生活は急速に失われつつある。

くわしく 気候区
5つの気候帯は，さらに次の気候区にそれぞれ分けることができる。

■**熱　帯**—熱帯雨林気候，サバナ気候。

■**乾燥帯**—砂漠気候，ステップ気候。

■**温　帯**—地中海性気候，温暖湿潤気候，西岸海洋性気候。

■**冷帯(亜寒帯)**—冷帯気候。

■**寒　帯**—ツンドラ気候，氷雪気候。

2 [各地の人々のくらし] 次の各問いに答えなさい。

(1) Aの国で見られる針葉樹の森林を何といいますか。
[　　　　　　　　]

(2) Bの地域でのベドウィンのくらしを何といいますか。
[　　　　　　　　]

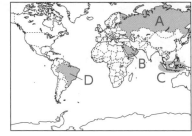

(3) Cの地域などに開かれた大規模農園を何といいますか。
[　　　　　　　　]

(4) Dの国の公用語である言語は何ですか。[　　　　　　　　]

3 [人々のくらし] 次の地図1〜3を見て，各問いに答えなさい。

地図1　　　　　　　地図2　　　　　　地図3

(1) 地図1中のギリシャで多く見られる住居として最も適切なものを，次の**ア〜エ**から1つ選び，記号で答えなさい。[　　　　]

羊毛などでできた家　木造・高床式の家　土でできた家　石でできた家

(2) 地図2中のタイに住む多くの人々が信仰している宗教を，次の**ア〜エ**から1つ選び，記号で答えなさい。[　　　　]

ア キリスト教　　**イ** イスラム教
ウ 仏　教　　　　**エ** ヒンドゥー教

(3) 地図3中のブラジルについて述べた文として正しいものを，次の**ア〜ウ**から1つ選び，記号で答えなさい。[　　　　]

ア 開発により熱帯林が切り開かれ，森林面積が減少している。

イ 沿岸部に経済特区がつくられ，「世界の工場」とよばれるようになっている。

ウ サンベルトとよばれる地域で，情報通信産業や航空宇宙産業が発達している。

〔新潟－改〕

ベドウィン
アラビア語で「砂漠の住人」を指すことば。遊牧を営むアラブの人々を指す。

植民地の歴史
2(3)・(4)この地域や国が過去に植民地であった歴史と深く関わりがある。Dの国を植民地にしていたのはポルトガルである。

宗教の分布
■キリスト教—ヨーロッパ，南北アメリカ，オセアニア。
■イスラム教—北アフリカ，西アジア，中央アジア，東南アジア。
■仏　教—東アジア，東南アジア。
■ヒンドゥー教—インド。

経済特区
中国が，外国の資本や技術を導入するために，沿岸部につくった地域のこと。アモイ，シェンチェンなど。

サンベルト
アメリカ合衆国の北緯37度付近より南の地域。1970年代から，先端技術産業が発達した。

Step 2 標準問題

解答▶別冊 3 ページ

1 [アジアの気候・生活] あるクラスで中国を中心とする地域について学習した。次の各問いに答えなさい。

1 （20点× 2－ 40点）

(1)	
(2)	

(1) a班は気候について調べた。地図のA〜Dの4つの都市のうち，Cの都市の雨温図を次のア〜エから1つ選び，記号で答えなさい。

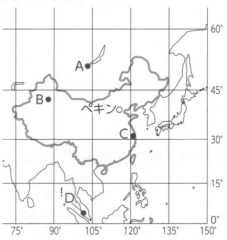

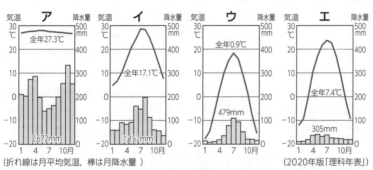

（折れ線は月平均気温，棒は月降水量）　　（2020年版「理科年表」）

ア　全年27.3℃　2,672mm
イ　全年17.1℃　1,157mm
ウ　全年0.9℃　479mm
エ　全年7.4℃　305mm

ワンポイント

(1) Cは温暖で湿潤な気候である。Aは寒さがたいへん厳しい気候，Bは乾燥している気候，Dは一年中暖かく降水量も多い気候である。

(2) ヒンドゥー教では牛が神聖な動物とされている。羊の飼育頭数は，中国・オーストラリア・インドが多い。

重要
(2) b班は農業や食生活について調べた。右の資料はある家畜の飼育頭数の国別割合を示している。(2018年)

資料

アメリカ合衆国　　ブラジル4.2
中国 45.1%　　7.6　　その他 37.1
スペイン3.1　　ベトナム2.9
（2020/21年版「日本国勢図会」）

この家畜に関する次の文を参考にして，家畜名を次のア〜エから1つ選び，記号で答えなさい。

> イスラム教徒は，この家畜の肉を食べない。

ア　牛
イ　羊
ウ　豚
エ　にわとり

〔福井－改〕

2 [世界の気候と文化] 右の略地図を見て，各問いに答えなさい。

(1) 次の**ア〜エ**は，略地図に示された4つの大陸における5つの気候帯のおよその割合を示したものである。アフリカ大陸にあてはまるものを，**ア〜エ**から1つ選び，記号で答えなさい。

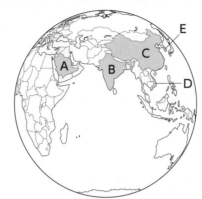

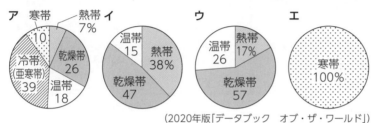

(2020年版「データブック　オブ・ザ・ワールド」)

(2) 次の表は，世界の主な言語人口（統計年次は2018年）および宗教人口（統計年次は2016年）のそれぞれ上位4位を示したものである。表中の（　X　）語を話す割合が略地図中の**A〜E**の国の中で一番高い国はどこか。また，表中の（　Y　）教を信仰する割合が略地図中の**A〜E**の国の中で一番高い国はどこか。それぞれ**A〜E**から1つずつ選び，記号で答えなさい。

	主な言語 (第一言語※)	言語人口 (百万人)	宗教名	宗教人口 (百万人)
1位	（　X　）語	1,299	キリスト教	2,448
2位	スペイン語	442	（　Y　）教	1,752
3位	英　語	378	ヒンドゥー教	1,019
4位	アラビア語	315	仏　教	521

※第一言語とは最初に習得した言語のこと。

(2020年版「データブック　オブ・ザ・ワールド」)

(3) 略地図中の**D**の国の代表的な食べ物として最も適切なものを，右の表中の**ア〜エ**から1つ選び，記号で答えなさい。

〔東京学芸大附高・鳥取－改〕

ア	イ	ウ	エ
小麦粉からつくった生地に，さまざまな具材をのせて焼いた料理。	牛肉でできたパティなどをバンズと呼ばれるパンにはさんで食べる料理。	米の粉からつくっためんを，スープで食べる料理。	とうもろこしの粉を練って焼いた生地に，肉や野菜をはさんで食べる料理。

2 (15点×4－60点)

(1)	
(2)	X語
	Y教
(3)	

ワンポイント

(1) 略地図に示された4つの大陸とは，アフリカ大陸，ユーラシア大陸，オーストラリア大陸，南極大陸の4つである。
(2) Aはサウジアラビア，Bはインド，Cは中国，Dはベトナム，Eは韓国を指している。
(3) ベトナムでは稲作がさかんであることから考える。

5 アジア

重要点をつかもう

1 アジアの歴史

　古代文明の発祥地→欧米の植民地→第二次世界大戦後独立国家を形成。

2 アジアの各地域

① 東アジア　アジアNIES→工業が発展，中国では**経済特区**・経済技術開発区の設置→中国は「世界の工場」となり，BRICSの１つに数えられる。

② 東南アジア　複雑な民族構成→ASEANの結成，一次産品の輸出→工業化。

③ 南アジア　インド→複雑な言語・社会，増加する人口とスラムの形成，情報技術(ICT)産業の発達。

④ 西アジア　乾燥地域→遊牧，オアシス農業。油田→中東の産油国を中心にOPECの結成。

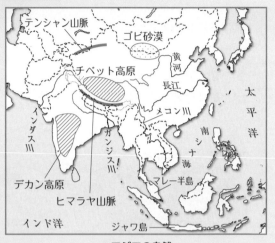

▲アジアの自然

Step 1 基本問題

解答▶別冊4ページ

1 図解チェック⚡ 地図の空所に適語を入れなさい。

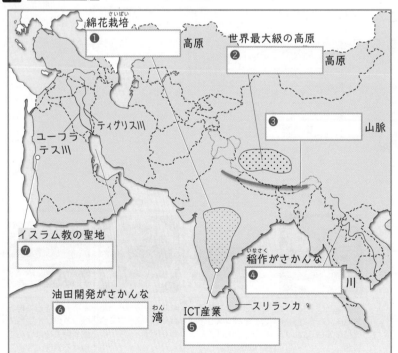

綿花栽培
❶ 高原

世界最大級の高原
❷ 高原

❸ 山脈

ティグリス川
ユーフラテス川

イスラム教の聖地
❼

油田開発がさかんな
❻ 湾

稲作がさかんな
❹ 川

スリランカ

ICT産業
❺

Guide

くわしく　中国の経済特区と経済技術開発区

★ 経済特区
■ 経済技術開発区

アモイ
チューハイ
スワトウ
シェンチェン
ハイナン省

ことば　ASEAN(東南アジア諸国連合)

東南アジアの安定と経済発展のため，各国の協力や相互援助を目的として結成された組織。

2 [アジアの国々] 右の地図を見て，次の各問いに答えなさい。

(1) アジアの気候に大きな影響<ruby>影響<rt>えいきょう</rt></ruby>を与<ruby>与<rt>あた</rt></ruby>える半年ごとに風向きが変わる風を何といいますか。 [　　　　　　　]

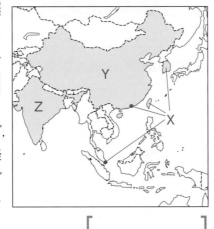

(2) 地図中Xは，韓国<ruby>韓国<rt>かんこく</rt></ruby>，台湾<ruby>台湾<rt>たいわん</rt></ruby>，ホンコン，シンガポールで，いずれも工業化が進み，経済発展をとげた国や地域である。これらの国や地域を何といいますか。 [　　　　　　　]

(3) 地図中Yの国で行われてきた人口抑制<ruby>抑制<rt>よくせい</rt></ruby>政策を何といいますか。 [　　　　　　　]

(4) 地図中Zの国で多くの人々が信仰<ruby>信仰<rt>しんこう</rt></ruby>している宗教を何といいますか。 [　　　　　　　]

(5) 1960年に結成された，中東を中心とした産油国の組織を何といいますか。 [　　　　　　　]

〔栃木－改〕

3 [東南アジアの産業] 右の地図を見て，次の各問いに答えなさい。

(1) 東南アジアなどに住み，経済面において大きな力をもつ中国系住民を何といいますか。 [　　　　　　　]

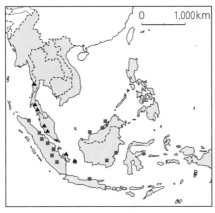

0　　　　1,000km

(2) 地図中の（　　　）で示された10か国で結成されている組織を何といいますか。 [　　　　　　　]

(3) 地図中の■・▲で示した鉱産資源を，次のア～エからそれぞれ選び，記号で答えなさい。 ■[　　　] ▲[　　　]

ア 石　油　　イ 石　炭
ウ 鉄鉱石　　エ すず鉱

(4) 植民地時代につくられた，天然ゴムやコーヒーなどを栽培<ruby>栽培<rt>さいばい</rt></ruby>する大農園を何といいますか。 [　　　　　　　]

ことば　モンスーン
季節風ともいい，東アジアでは冬は北西，夏は南東から，南アジアでは冬は北東，夏は南西から吹く。

注意　一人っ子政策
中国において1979年から始まった政策である。都市部では普及<ruby>普及<rt>ふきゅう</rt></ruby>率が高いが，農村部では労働力確保などの理由もあって，あまり徹底<ruby>徹底<rt>てってい</rt></ruby>されていなかったのが現状である。近年では急速に高齢<ruby>高齢<rt>こうれい</rt></ruby>化が進んでいるため，2015年10月，中国政府はこの政策の廃止<ruby>廃止<rt>はいし</rt></ruby>を決定した。

ことば　アジアNIES（新興工業経済地域）
1980年代に，急速に重化学工業化が進み，経済が発展した韓国，台湾，ホンコン，シンガポールのこと。

ひと休み　マングローブ
熱帯や亜熱帯地域の河口<ruby>河口<rt>かこう</rt></ruby>で，満潮には海水が満ちる地域の森林。エビの養殖<ruby>養殖<rt>ようしょく</rt></ruby>場をつくるために大規模伐採<ruby>伐採<rt>ばっさい</rt></ruby>が行われているが，近年，津波<ruby>津波<rt>つなみ</rt></ruby>を防ぐ自然の防波堤<ruby>防波堤<rt>ぼうはてい</rt></ruby>としての役割が注目されている。

くわしく　アジア諸国からの工業製品の輸入
1980年代後半から，日本の会社は安い労働力を求めてアジア諸国に工場を移すようになった。また，アジア諸国の工業化が進んだため，日本はアジア諸国から工業製品を輸入するようになっている。

Step ② 標準問題

	時間	合格点	得点
	30分	70点	点

解答▶別冊 4 ページ

1 [アジアの区分とその特色] シベリアを除いたアジア州を 5 つに分けた次の地図を見て，あとの各問いに答えなさい。

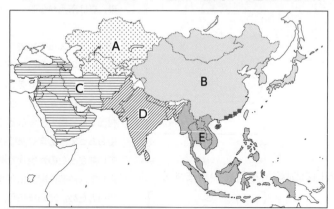

1 （10 点×9－90 点）

(1)	
(2)	①
	②
	③
	④
	⑤
(3)	
(4)	①
	②

(1) 中央アジアと呼ばれる地域は，図中のどの模様で示された地域か。**A～E** から 1 つ選び，記号で答えなさい。

(2) 次の文は，図中の **A～E** のどの地域について説明したものか。それぞれ 1 つ選び，記号で答えなさい。

　①世界のおよそ 5 分の 1 の人々が住んでいる。西部に比べ，東部の人口が多い。

　②月平均気温が高めで一年を通して変化が小さい。仏教とイスラム教を信仰（しんこう）する人が多い。

　③アルプス=ヒマラヤ造山帯に属する山々が連なっている。イスラム教の聖地があり，毎年巡礼（じゅんれい）に訪れる信者が多い。

　④乾燥（かんそう）した気候が広がっている。すべての国が1990年代に独立し，国名に同じことばがつく国が多い。

　⑤人口が 1 億人を超（こ）える国が東西に並んで 3 か国ある。イスラム教とヒンドゥー教を信仰する人が多い。

(3) 次の文は地図中の **B** の地域に位置する■で示した地域について述べたものである。■の地域を何というか，答えなさい。

> 政府が，海外の資本や技術を導入するために開放した地域のことで，この地域に進出した海外企業（きぎょう）は，生産した工業製品の輸出を条件に，原材料の輸入や税金などの面で優遇（ゆうぐう）される。

(4) 次の地図はアジア州に属する国の中で，原油の生産量(2018年)，小麦の生産量(2017年)，米の生産量(2017年)，自動車の生産台数(2018年)のいずれかの上位 5 か国をそれぞれ彩色（さいしょく）したもので

ワンポイント

(2) ③イスラム教の聖地の 1 つはメッカである。
　④ソ連崩壊（ほうかい）後に独立した。
　⑤ 3 か国はもともとは 1 つの国であったが，イギリスから独立する際に，宗教ごとに分離（ぶんり）独立した。

(3) アモイ，スワトウ，シェンチェン，チューハイ，ハイナン省の 5 地区である。

ある。①小麦の生産量，②自動車の生産台数の上位５か国を示したものを１つずつ選び，記号で答えなさい。

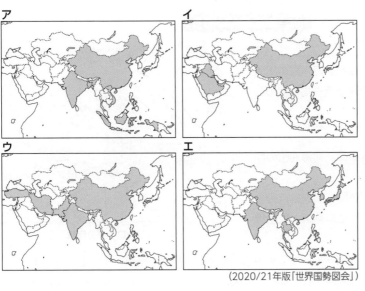

(2020/21年版「世界国勢図会」)

〔岩手－改〕

第1章
第2章
第3章
第4章

ワンポイント
(4) ４枚の地図を対比し，他の３枚とは彩色された国が異なる部分に着目する。アは熱帯の国々，イはペルシア湾岸の国々，ウはかなり西の国々，エは日本に彩色がされている。

2 [東南アジア] 右の略地図を見て，各問いに答えなさい。

(1) 略地図中のＡ国と ⬭ で示された国々は，東南アジア地域の安定と発展を求めて1967年に設立された組織に加盟している。この組織の略称を，アルファベット５文字で答えなさい。

記述式
(2) 右の資料は，1980年と2018年におけるＡ国のおもな輸出品の割合と輸出総額を表している。これを見て，次の文章中の ☐ Ｘ ☐ にあてはまることばを，「工業化」という語句を用いて答えなさい。

Ａ国のおもな輸出品の割合と輸出総額

(1980年)

輸出品	割合(％)
原 油	23.8
天然ゴム	16.4
木 材	14.1
その他	45.7
輸出総額	129億ドル

(2018年)

輸出品	割合(％)
機械類	42.2
石油製品	7.3
液化天然ガス	4.0
その他	46.5
輸出総額	2,473億ドル

(2020/21年版「日本国勢図会」など)

2018年の輸出総額は，1980年の輸出総額に比べて，約20倍になっている。おもな輸出品をみると，1980年の輸出品の上位は，原油や天然ゴムであったが，2018年の輸出品の上位は，☐ Ｘ ☐と考えられる。

〔山形－改〕

2 (5点×2－10点)

(1)	
(2)	

ワンポイント
(1) 日本語の正式名称は，「東南アジア諸国連合」である。
(2) 2018年の輸出品の上位には工業製品が多いことに着目する。

ヨーロッパ①

重要点をつかもう

1 ヨーロッパの自然

ユーラシア大陸の西部で，複雑な海岸線の出入り。**偏西風**と暖流の**北大西洋海流**→高緯度のわりに温暖な気候。

2 ヨーロッパの産業

① **イギリス**　世界初の**産業革命**。北海油田の開発，加工貿易中心。

② **フランス**　EU最大の農業国。高速鉄道のTGVの開通。パリを中心に自動車・航空機産業などが発達。

③ **ドイツ**　EU最大の工業地域→ルール工業地域。自動車・鉄鋼・機械・化学工業が発達。

④ **イタリア**　北部で鉄鋼・自動車・衣料などの産業が発達。世界遺産が多く，観光業がさかん。

▲ヨーロッパの自然

Step 1 基本問題

解答▶別冊4ページ

1 図解チェック　地図の空所に適語を入れなさい。

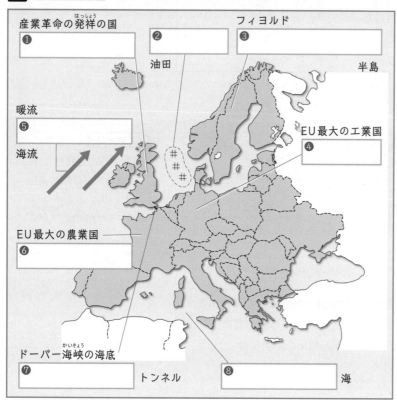

産業革命の発祥の国 ❶
フィヨルド ❸ 半島
❷ 油田
暖流 ❺ 海流
EU最大の工業国 ❹
EU最大の農業国 ❻
ドーバー海峡の海底 ❼ トンネル
❽ 海

Guide

北海油田　1960年に発見された海底油田で，イギリス，ノルウェーの産出量が特に多い。

EU(ヨーロッパ連合)　1993年に，EC加盟の12か国により発足した地域共同体。

ユーロトンネル　**英仏海峡トンネル**ともいい，1994年に開通した。トンネルは列車のみ通行可能で，環境問題などにも配慮し，自動車は専用列車に乗せて運ばれる。

2 ［ヨーロッパの自然］右の地図を見て，各問いに答えなさい。

⑴ Xの国の海岸線で発達している地形を何といいますか。

［　　　　　　］

⑵ 西ヨーロッパが高緯度のわりに温暖なのは，北大西洋海流とその上を吹く何という風の影響ですか。

［　　　　　　］

⑶ 地図中の□の地域でさかんな農業を何といいますか。

［　　　　　　］

⑷ ヨーロッパ内陸部で広く行われている農耕と牧畜を組み合わせた農業を何といいますか。［　　　　　　］

⑸ Yの河川を何といいますか。［　　　　　　］

⑹ Yの河川は，外国船などの自由な航行が認められていることから，何と呼ばれていますか。［　　　　　　］

3 ［ヨーロッパの社会・民族・交通］右の地図を見て，各問いに答えなさい。

⑴ 世界で最初に産業革命がおこった国はどこか，地図中の**ア**～**オ**から1つ選びなさい。

［　　］

⑵ EUに加盟していない国を地図中の**イ**～**オ**から1つ選びなさい。［　　］

⑶ EU域内の共通通貨を何といいますか。

［　　　　　　］

⑷ 地図中の■の国の首都で，EUの本部が置かれている都市はどこですか。［　　　　　　］

⑸ 地図中の□の地域に分布する，三大民族のうちの1つは何ですか。［　　　　　　］

⑹ ヨーロッパで広く信仰されている宗教を何といいますか。

［　　　　　　］

⑺ 地図中の**ア**と**ウ**の国の首都を結ぶ高速鉄道を何といいますか。

［　　　　　　］

くわしく　国際河川
複数の国家の領土を流れる川のことで，どの国の船でも自由に航行できるよう条約を結んでいる。ドナウ川は19か国を流域とし，おもに東ヨーロッパを流れており，国際河川の代表といえる。

くわしく　EUの加盟国
EU（ヨーロッパ連合）の加盟国数は，2004年5月にポーランド・ハンガリー・チェコなどが，2007年1月にルーマニアとブルガリアが，2013年7月にクロアチアが加わり，28か国になったが，2020年1月にイギリスが離脱し，27か国になった。

注意　EURO
EU域内での**共通通貨**をいい，1999年からEU加盟15か国のうち，11か国が導入した。その後も導入する国は増えているが，デンマークなどのように自国通貨を維持している国もある。

くわしく　ルール工業地域
ライン川の支流であるルール川の北岸に広がる。第二次世界大戦後は，エレクトロニクスなどの先端技術産業が発展した。

ことば　高速鉄道
人の移動が自由なEUでは国をまたがる交通網の整備が進んでおり，高速鉄道としては，フランスのTGV，ドイツのICEなどがある。

Step ② 標準問題

解答▶別冊5ページ

重要 **1** [ヨーロッパの自然と農業] 右の地図を見て，次の各問いに答えなさい。

1 （10点×4－40点）

(1)	
(2)	
(3)	
(4)	

(1) パリは札幌よりも北にあるのに，札幌より暖かい。その要因の1つに海流がある。その海流を示した地図中の矢印の向きとパリの気候区の名称の組み合わせとして正しいものを次のア～エから1つ選び，記号で答えなさい。

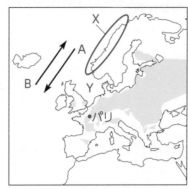

	ア	イ	ウ	エ
海流の向き	A	A	B	B
気候区	西岸海洋性気候	温暖湿潤気候	西岸海洋性気候	温暖湿潤気候

(2) 地図中のXの地域で見られる，氷河による侵食作用によって形成された海岸地形名をカタカナで答えなさい。

(3) 好漁場で，海底油田の開発も行われている地図中のYの海の名を答えなさい。

(4) 地図中の▢▢地域で行われている農業の特徴として正しいものを次のア～エから1つ選び，記号で答えなさい。

　ア　乳牛を飼い，生乳やチーズ，バターを生産する酪農が行われている。

　イ　小麦やライ麦，じゃがいもを栽培し，豚や牛の飼育を行っている。

　ウ　乾燥する夏はオリーブやぶどうを栽培し，雨の降る冬は小麦を栽培している。

　エ　リャマやアルパカの放牧を行い，じゃがいもやとうもろこしを栽培している。

〔岩手－改〕

ワンポイント

(1) 暖流による暖気を，偏西風が大陸に運んでくることによって，緯度のわりに暖かい気候が形成される。

(2) 複雑な海岸地形としては，他にリアス海岸があるが，形成のされ方が異なる。
リアス海岸は山地や谷の地盤が沈んだり，海面が上昇したりすることによって形成される。

重要 **2** [EU] ヨーロッパの地域共同体であるヨーロッパ連合（EU）について，次の各問いに答えなさい。

2 （10点×4－40点）

(1)	

(1) EU域内で流通している共通通貨を何といいますか。

記述式 (2) フランスで組み立てられる航空機の部品は，フランスだけでなく，ドイツやスペインなどでつくられたものも使われている。このような生産方法が可能な理由の1つとして考えられることを，「EU」「国境」「移動」という語句を用いて，簡潔に説明しなさい。

記述式 (3) EUは発足以来，経済的・政治的な統合が進み，加盟国を増やしてきた。その中で，ドイツやフランスの企業が東ヨーロッパ諸国に工場を移転する動き（ぎょう）がみられる。その理由を，右の資料1を参考にして説明しなさい。

資料1　EU諸国の1か月あたりの最低賃金

国	最低賃金（共通通貨）
オランダ	1,636
ベルギー	1,594
ドイツ	1,584
フランス	1,539
ポーランド	611
チェコ	575
クロアチア	546
ルーマニア	466

(2020年)　(EUROSTAT)

(4) 右の資料2は，EU・アメリカ合衆国・日本・中国のGDP，人口，面積の組み合わせを表したものである。EUにあてはまるものを次のア〜エから1つ選び，記号で答えなさい。

資料2

	GDP（兆ドル）	人口（億人）	面積（万km²）
ア	13.6	14.3	960.0
イ	20.6	3.3	983.4
ウ	18.8	5.1	437.4
エ	5.0	1.3	37.8

(2018年)(2020/21年版「世界国勢図会」)

〔三重・富山・沖縄－改〕

(2)

(3)

(4)

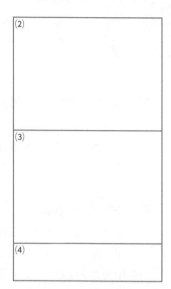

ワンポイント
(1) 共通通貨だと，両替の手間が省ける。しかし，共通通貨をすべての加盟国が採用しているわけではなく，デンマークは自国通貨(デンマーク・クローネ)を使っている。
(3) 西ヨーロッパ諸国と東ヨーロッパ諸国の間の賃金の格差を読み取る。

3 [ヨーロッパの自然] ヨーロッパ北部の地域を表した右の略地図を見て，次の各問いに答えなさい。

記述式 (1) 略地図中のA国の沿岸部では，フィヨルドと呼ばれる奥行きのある湾（わん）が見られる。この湾はどのようにつくられたか，答えなさい。

記述式 (2) 略地図中のB国について，Y市で採掘（さいくつ）された鉄鉱石は通常，Z港から輸出されるが，冬にZ港が凍結（とうけつ）する間は，冬でも凍結しない隣国のX港から輸出されている。X港の方がZ港よりも高緯度にあるにもかかわらず，冬にX港が凍結しないのはなぜだと考えられるか，答えなさい。　　〔石川－改〕

3（10点×2－20点）

(1)

(2)

7 ヨーロッパ ②，アフリカ

重要点をつかもう

1 ロシア連邦の国土・資源

世界最大の国土面積→日本の約45倍。針葉樹林のタイガが広がる。北部はツンドラ気候。豊富な鉱産資源→石油・天然ガスをパイプラインで輸送。

2 アフリカの地域

① 北アフリカ　イスラム教，遊牧，ナイル川沿岸の農耕→アスワンハイダムの建設。

② 中央アフリカ　ギニア湾岸→熱帯林やサバナ気候，ナイジェリアの石油。コンゴ民主共和国からザンビアにかけては世界的な銅の産地。

③ 南アフリカ共和国　金や希少金属(レアメタル)などの豊富な鉱産資源。白人国家→人種隔離政策(アパルトヘイト)が長く続く→法的には廃止。

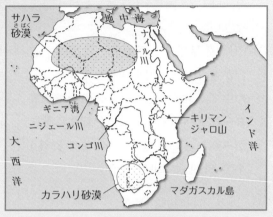

▲アフリカの自然

Step 1 基本問題

解答▶別冊5ページ

1 図解チェック⚡ 地図の空所に適語を入れなさい。

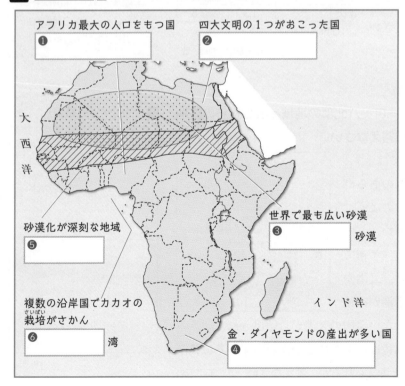

アフリカ最大の人口をもつ国
❶

四大文明の1つがおこった国
❷

大西洋

世界で最も広い砂漠
❸　　　　　砂漠

砂漠化が深刻な地域
❺

複数の沿岸国でカカオの栽培がさかん
❻　　　　　湾

インド洋

金・ダイヤモンドの産出が多い国
❹

Guide

くわしく　**アフリカの独立**
第二次世界大戦前からの独立国としては，エジプト，エチオピア，リベリア，南アフリカ共和国がある。それ以外の国々は戦後に独立した。特に1960年には一度に多くのアフリカ諸国が独立したので「アフリカの年」と呼ばれる。

くわしく　**AU(アフリカ連合)**
植民地支配からぬけ出し，独立国家となっても，経済が不安定な国や政情が安定しない国が多いため，**OAU(アフリカ統一機構)**にかわり結成された。

2 [ロシア連邦] 右の地図を見て，次の各問いに答えなさい。

(1) 地図中の**A**の山脈を何といいますか。
　　[　　　　　　　　　]

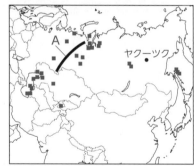

(2) 地図中の■で示した資源の名を，次の**ア～ウ**から1つ選び，記号で答えなさい。
　　[　　　　　　　　　]

　ア 石　炭　　**イ** 石油・天然ガス　　**ウ** 鉄鉱石

(3) 地図中のロシア連邦をはじめとした国々は，1991年に，ある国が解体したことで成立した。解体した国名を答えなさい。
　　[　　　　　　　　　　　　　]

(4) ロシア連邦の中央部に広がっている針葉樹の広大な森林を何というか。カタカナで答えなさい。　　[　　　　　　　　]

(5) ロシア人は何系の民族ですか。　　[　　　　　　　　]

3 [アフリカ州] 右の地図を見て，次の各問いに答えなさい。

(1) 地図中**X**の国から地中海に注ぐ世界最長の川を何といいますか。[　　　　　　　]

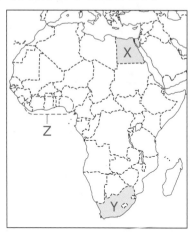

(2) 地図中**Y**の国で行われていた黒人をはじめとする有色人種に対する差別を何といいますか。[　　　　　　]

(3) 地図中**Z**の地域で栽培されている代表的な農産物は，コーヒーとあと1つは何ですか。
　　[　　　　　　　　]

(4) アフリカで多く産出されるコバルトやパラジウムなどの希少金属をカタカナで何といいますか。[　　　　　　　　]

(5) アフリカの国々に多く見られる，限られた種類の資源や農作物にたよる経済を何といいますか。[　　　　　　　　]

(6) アフリカのかかえる諸問題を協力して解決するために，2002年に結成された地域共同体を何というか，略称をアルファベットで答えなさい。[　　　　　　　　]

第1章
第2章
第3章
第4章

ことば　民　族
　言語や宗教，習慣などを共有する人々の集団のこと。ロシア連邦ではスラブ系のロシア人が大多数をしめているが，ほかにも多様な民族が暮らしている。

くわしく　アパルトヘイト（人種隔離）政策
イギリス人やボーア人（17世紀中ごろオランダからの移住者と子孫）などの白人政権が，有色人種（黒色人種・黄色人種）に対してとっていた差別政策。1991年に廃止され，1994年に有色人種も参加した初の選挙で，マンデラが黒人初の大統領となった。

ことば　レアメタル
　世界的に流通量・生産量が少なく，希少な金属のこと。コバルト，ニッケル，クロム，リチウムなど多種で，機能も多岐にわたる。モーターに使われる強力磁石や加工用工具の材料，携帯電話やパソコンをはじめとするICT関連製品には欠かせない。

くわしく　モノカルチャー経済
　発展途上国に多く見られる経済構造で，限られた鉱産資源や農産物の輸出が，その国の経済を支えている。しかし，その商品の生産量や国際価格の変動によって国の経済が左右されるため，産業を多角化しようとしている。植民地時代の影響。

Step 2 標準問題

解答▶別冊6ページ

1 [ロシア連邦] 地図や資料を見て，各問いに答えなさい。

資料

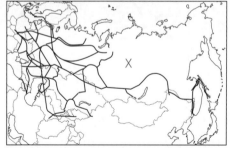

1 （10点×4－40点）

(1)
(2)
(3)
(4)

重要
(1) 上の資料の建物は，地図中のX国東部のシベリアの建物で，高床の工夫が見られる。その理由を述べた次の文中の□□□□にあてはまることばを答えなさい。

> 高床の工夫は，特有の土壌である□□□□が生活の熱などでとけ，建物が傾いたり，ゆがんだりすることを防ぐためである。

(2) 地図中に━━━で張りめぐらされている一部の鉱産資源を輸送するための設備を何といいますか。

(3) 次のグラフは，ある農産物の収穫量の国別割合を表したものである。この農産物にあてはまるものを，あとのア～エから1つ選び，記号で答えなさい。

アメリカ合衆国┐　┌フランス4.9

中国 17.9%	インド 13.6	X 9.8	7.0	その他 46.8

(2018年)　　　　(2020/21年版「世界国勢図会」)

ア 米　**イ** 小麦　**ウ** とうもろこし　**エ** ライ麦

(4) 地図中のXの国で多くの人に信仰されている宗教を，次のア～エから1つ選び，記号で答えなさい。

ア ヒンドゥー教　**イ** カトリック

ウ 正教会　　　　**エ** 仏教　　　　　〔三重－改〕

ワンポイント
(1) 一年中こおったままの土壌のことである。
(3) ウクライナから西シベリアにかけての黒土地帯と呼ばれる養分の豊富な土壌が分布している地域でさかんに栽培されている。

2 [アフリカの産業・自然] 次のページの地図を見て，各問いに答えなさい。

(1) 略地図中の◯◯◯◯は，世界最大の砂漠が広がっている地域を示したものである。この砂漠の名称は何か。次のア～エから1つ選び，記号で答えなさい。

ア ゴビ砂漠　　　**イ** タクラマカン砂漠

ウ サハラ砂漠　　**エ** カラハリ砂漠

(2) 略地図中の◯◯◯の周辺では，砂
漠の拡大や森林の減少が著しく，
深刻な問題となっている。その原
因に関する説明として誤っている
ものを，次のア〜エから1つ選び，
記号で答えなさい。

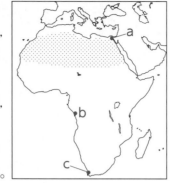

　ア　モンスーンによって，干ばつ
　　　が毎年連続しておこっている。
　イ　農家の人口が増加し，新たな森林の伐採が進んでいる。
　ウ　森林が生いしげるまで，十分に土地を休ませないまま焼畑
　　　を行っている。
　エ　遊牧民の人口が増加し，頭数を増やした家畜が植物を食べ
　　　つくしている。

(3) 右のア〜ウの雨温図
はそれぞれ略地図中
のa〜cの都市の気
候を示している。b
にあてはまるものを
記号で答えなさい。

気温℃　ア　　　イ　　　ウ　降水量mm

ア　21.7℃年平均気温　年降水量34.6mm
イ　16.8℃　545.8mm
ウ　25.3℃　1,210.9mm

（2020年版「理科年表」）

(4) 右の円グラフはある鉱産資源の国
別生産高の割合(%)を表したもの
である。この鉱産資源名を，次の
ア〜エから1つ選び，記号で答え
なさい。

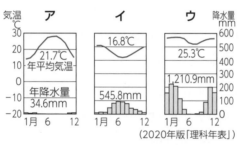

アンゴラ　その他10.5
カナダ　6.7　ロシア30.1%
9.7　合計1.3億カラット2016年
10.4　17.3
ボツワナ15.3　コンゴ民主共和国
オーストラリア

（2020/21年版「世界国勢図会」）

　ア　金　　イ　銀
　ウ　銅　　エ　ダイヤモンド

記述式 (5) アフリカの多くの国々では，ヨーロッパの言語が公用語として
使用されている。その理由について，アフリカの歴史をふまえ
て，簡潔に説明しなさい。

(6) アフリカには発展途上国が多く，先進国の政府機関以外に，非
政府組織も技術協力などの援助を行っている。非政府組織の略
称として最も適切なものを，次のア〜エから1つ選び，記号で
答えなさい。

　ア　EU　イ　ODA　ウ　ASEAN　エ　NGO

〔香川・佐賀－改〕

2 （10点×6－60点）

(1)
(2)
(3)
(4)
(5)
(6)

ワンポイント

(2) 砂漠化が拡大しているの
　は，砂漠の南部に位置す
　るサヘルと呼ばれる地域
　である。深刻な水不足が
　続き，飢餓状態におちい
　っている地域も多い。
(3) bは赤道近くに位置して
　いることに注意する。
(4) この鉱産資源の量を表し
　ている単位がカラットで
　あることに注目する。1
　カラットは0.2gにあた
　る。
(5) 現在，アフリカには50か
　国以上の国があるが，第
　二次世界大戦前には独立
　国は4か国しかなかった。

【　　月　　日】

Step ③ 実力問題 ①

	時間	合格点	得点
	30分	70点	点

解答▶別冊6ページ

1 ある人のヨーロッパ旅行に関する次の文を読んで，各問いに答えなさい。(51点)

> 3月10日に成田国際空港を出発して，ロンドンに到着した。3日間，ロンドン市内や近郊の観光をして，デンマークのコペンハーゲンへ向かった。コペンハーゲンでは2日間の市内観光や友人宅の訪問をしたあと，イタリアで3日間，ローマの市内観光をして帰国した。

記述式
(1) コペンハーゲンの空港に近づいたとき，海上に資料1のような施設が見られた。デンマークではこのような施設が国内の多くの場所に設置されている。その理由を次の2つの語句を使って説明しなさい。(9点)
［エネルギー　環境］

(2) 東京，ロンドン，ローマを緯度の高い順に並べたときに，適切なものを，次の**ア～ウ**から1つ選び，記号で答えなさい。(9点)
ア 東京―ロンドン―ローマ　　**イ** ロンドン―東京―ローマ
ウ ロンドン―ローマ―東京

(3) 資料2の**ア～ウ**のグラフは，東京，ロンドン，ローマの年間の気温と降水量を表したものである。ローマに該当するものを，**ア～ウ**から1つ選び，記号で答えなさい。(9点)

資料1

資料2　月別の気温と降水量

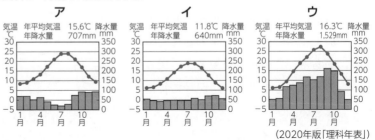

(2020年版「理科年表」)

記述式
(4) ローマの夏の気候の特徴をロンドンと比べて説明しなさい。(15点)

(5) イタリアはヨーロッパの中で地震が多い国である。その理由について説明した次の文中の空所に入る適切な語句を答えなさい。(9点)

> イタリア半島は，□□□□造山帯と呼ばれるヨーロッパからアジアにのびる険しい山々が連なり，火山が多く，地下の活動が活発で大地が不安定なところだから。

〔富山－改〕

(1)		(2)	(3)
(4)		(5)	

2 アジア・アフリカ地域について，各問いに答えなさい。(49点)

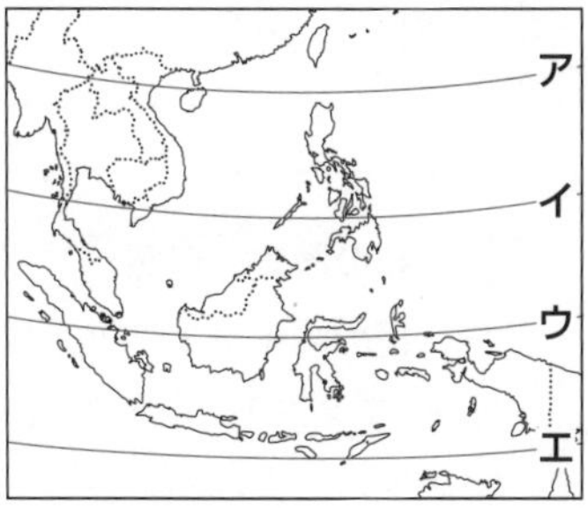

重要 (1) 図1中の**ア～エ**の緯線のうち，赤道にあたるものを1つ選び，記号で答えなさい。(5点)

重要 (2) 東南アジアの国々は経済や政治，安全保障などで協力し合う組織をつくっている。この組織を何といいますか。(9点)

難問 (3) アジアには世界人口の約60％が集中しており，主食となる世界三大穀物もアジアで多く生産されている。下の表は，世界三大穀物である米・小麦・とうもろこしの生産量上位5か国を示したものである。表中のX～Zにあてはまる穀物をそれぞれ答えなさい。(各5点)

図1

X		Y		Z	
中国	131,441	中国	212,129	アメリカ合衆国	392,451
インド	99,700	インド	172,580	中国	257,174
ロシア	72,136	インドネシア	83,037	ブラジル	82,288
アメリカ合衆国	51,287	バングラデシュ	56,417	アルゼンチン	43,462
フランス	35,798	ベトナム	44,046	ウクライナ	35,801

(2018年　単位：千t)　　　　　　　　　　　(2020/21年版「日本国勢図会」)

記述式 (4) インドでは，IT産業がさかんで，インターネットを利用して，ソフトウェアに関する仕事を，アメリカ合衆国の企業から受注している。その理由としては，英語を話す人が多いことや人件費が安いことがあげられるが，それ以外にどのような理由が考えられるか。図2中の2国間の時差に着目して，簡潔に説明しなさい。(10点)

図2

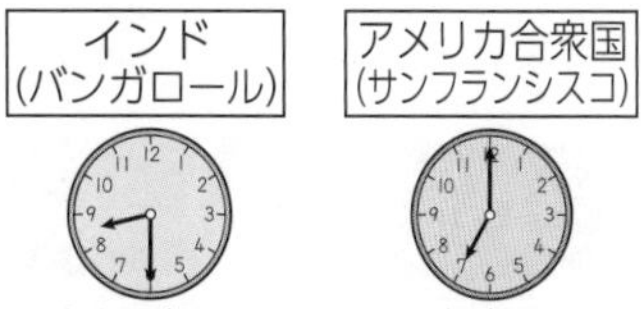

※アメリカ合衆国(サンフランシスコ)が3月10日午後7時のとき，インド(バンガロール)は3月11日午前8時30分になる。

記述式 (5) 図3は国際連合発足後の20年間における地域別加盟国数の推移を示したものである。1955年から1965年にかけて，アフリカの加盟国数が急激に増加した理由を簡潔に説明しなさい。(10点) 〔和歌山-改〕

図3

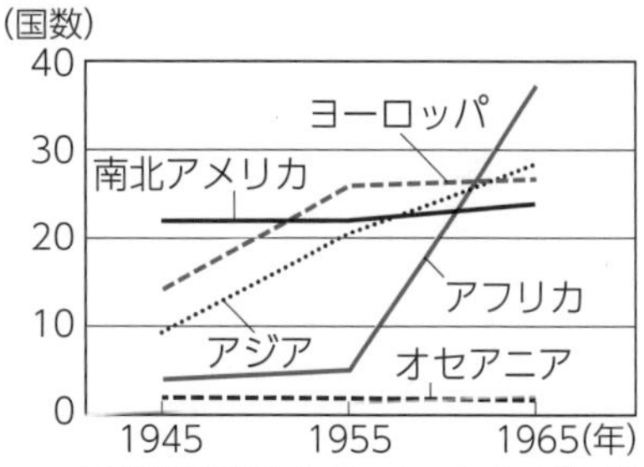

(国数)

ヨーロッパ／南北アメリカ／アフリカ／アジア／オセアニア

1945　1955　1965(年)
(国際連合広報センターホームページなど)

(1)	(2)		(3)	X	Y	Z
(4)			(5)			

ヒント

1 (1)資料1は日本でも再生可能エネルギーとして注目されている風力発電用の風車である。

2 (3) 3位以下の国の属する州と食事を結びつけて考えてみよう。

(5)第二次世界大戦が終わったのは1945年のことである。

8 北アメリカ

⟳ 重要点をつかもう

1 開拓の歴史と自然

先住民のネイティブアメリカン，北方のイヌイット(エスキモー)→ヨーロッパからの移民による開発，広大な領土→さまざまな自然環境。

2 アメリカ合衆国

① **さまざまな人種** 白人・黒人(奴隷貿易)，その他の移民。近年は**ヒスパニック**が増加。

② **豊かな資源** 石炭・鉄鉱石→世界最大の工業国として発展。

3 カナダ

① **自然** ロシアに次ぐ国土面積，寒帯と冷帯。

② **住民** 南部に人口集中，ケベック州問題。

4 メキシコ

高原の国。銀や原油などの産出が多い世界有数の鉱業国。

▲北アメリカの自然

Step 1 基本問題

解答▶別冊6ページ

1 図解チェック⚡ 地図の空所に適語を入れなさい。

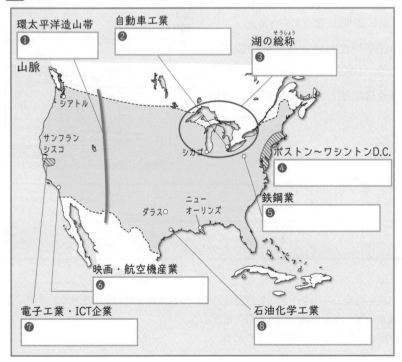

環太平洋造山帯
❶

山脈

自動車工業
❷

湖の総称
❸

ボストン〜ワシントンD.C.
❹

鉄鋼業
❺

映画・航空機産業
❻

電子工業・ICT企業
❼

石油化学工業
❽

Guide

ことば サンベルト
アメリカ合衆国の北緯37度以南の地域を指し，ダラス，ヒューストン，ロサンゼルスなどでは，世界最先端の技術をもつ企業が集中し，人口増加が著しい。

ことば ヒスパニック
スペイン語を話す中南アメリカからアメリカ合衆国に移住してきた人々の総称。人種的には黒人・白人・混血などさまざまである。人口増加率が非常に高く，アメリカ合衆国の人種・民族構成の割合では，アフリカ系より高い割合を占めている。

2 [北アメリカの国々] 北アメリカについて，次の各問いに答えなさい。

(1) 北アメリカ大陸の南部や南東部に被害をもたらす熱帯低気圧を何というか，カタカナで答えなさい。　[　　　　　　　　]

(2) 情報技術産業が発達している，アメリカ合衆国の北緯37度以南の地域を何というか，カタカナで答えなさい。
[　　　　　　　　]

(3) アメリカ合衆国の大企業に多い，多数の国で生産や販売を行い，進出した国の経済に大きな影響を与えるような企業を何といいますか。　[　　　　　　　　]

(4) 大都市の一部に貧民が流れこみ，集まって住むようになったところを何といいますか。　[　　　　　　　　]

(5) メキシコやプエルトリコなどからの移民で，スペイン語を話す人々を何といいますか。　[　　　　　　　　]

(6) アメリカ合衆国の北どなりに位置し，世界で2番目に広い国土面積をもつ国の名を答えなさい。　[　　　　　　　　]

(7) 北アメリカ大陸に位置する3か国による経済協定を何というか，アルファベットの略称で答えなさい。　[　　　　　　　　]

3 [アメリカ合衆国の農業] 右の地図を見て，各問いに答えなさい。

(1) 地図中の①～⑤の各農業地域にあてはまるものを次のア～オから1つずつ選び，記号で答えなさい。

①[　　　] ②[　　　]
③[　　　] ④[　　　]
⑤[　　　]

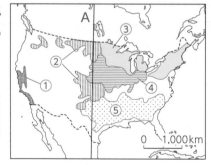

ア 小麦　イ 綿花　ウ とうもろこし
エ 酪農　オ 果実・穀物

(2) 地図中のAは，西経何度の線ですか。　[　　　　　　　　]

(3) 地図中のAの東側付近に広がる大草原を何といいますか。
[　　　　　　　　]

(4) アメリカ合衆国に見られる，その土地の自然条件に適した作物をつくるという農業方式を何といいますか。
[　　　　　　　　]

ことば　USMCA
米国・メキシコ・カナダ協定の略称。アメリカ合衆国，メキシコ，カナダの3か国間の協定で，3か国の間では関税を撤廃することなどが取り決められているが，自動車の関税に対する条件は以前のNAFTA（北米自由貿易協定）より厳しくなった。

ことば　適地適作
アメリカ合衆国に見られる農業形式。その土地の土壌・気候などの自然条件や労働力・都市との距離などの社会的条件に合わせて，その土地に最も適した作物をつくることをいう。

注意　■プレーリー
ミシシッピ川から西経100度付近にあり，年間降水量が500～1,000mmで，肥沃な黒土が分布している。ここでは，小麦，とうもろこし，大豆などの栽培がさかんに行われている。
■グレートプレーンズ
プレーリーの西側に位置する台地状の平原で，東側は穀倉地帯，西側は放牧地帯となっている。

くわしく　穀物メジャー
とうもろこし・小麦といった穀物の貿易や流通を行っている多国籍企業のことをいう。アメリカ合衆国では，穀物メジャーと呼ばれる少数の大企業が穀物の市場を支配している。

1 [北アメリカの産業] 右の地図を見て，各問いに答えなさい。

(1) アメリカ合衆国とカナダとの国境をなす緯線は何度か。次の**ア**〜**エ**から1つ選びなさい。

　　ア　北緯23.5度

　　イ　北緯34.5度

　　ウ　北緯49度

　　エ　北緯55度

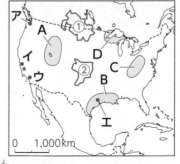

重要
😮 (2) 地図中の★で示した地域は，先端技術産業がさかんなところである。何と呼ばれていますか。

(3) 航空機工業の発達したロサンゼルスは地図中の**ア**〜**エ**のうちどれか，1つ選び，記号で答えなさい。

(4) 地図中の①，②の地域は同じ作物の産地であるが，気候条件が違い，栽培時期が異なる。①の農業地帯を何といいますか。

(5) アメリカ合衆国の代表的な鉄鉱石の生産地を，地図中の**A**〜**D**の地域から1つ選び，記号で答えなさい。

(6) メキシコの一帯にあったアステカ帝国を16世紀に滅ぼし，広大な植民地をつくったのはどの国か。また，一帯の先住民が主食としていた穀物を次の**ア**〜**エ**から1つ選び，記号で答えなさい。

　　ア　とうもろこし　　**イ**　麦　　**ウ**　こうりゃん　　**エ**　米

〔宮城－改〕

1 （6点×7－42点）

(1)	
(2)	
(3)	
(4)	
(5)	
(6)	国名
	記号

┌ **ワンポイント** ┐
(2) 地図中の★は，サンフランシスコ郊外のサンノゼ付近である。
(5) メサビ鉄山が代表的な鉱山である。

2 [北アメリカの産業] 右の地図を見て，各問いに答えなさい。

(1) 地図中の▨は，カナダやアラスカにおけるある資源の分布を示している。この資源を原料とした工業は何か。次の**ア**〜**オ**から1つ選びなさい。

　　ア　食料品工業

　　イ　鉄鋼業

　　ウ　石油化学工業

　　エ　パルプ・製紙工業

　　オ　綿織物工業

（●はおもな都市の位置を示し，→はコースを示している）

2 （6点×3－18点）

(1)	
(2)	
(3)	

(2) 地図中の◯◯◯の農業地域で栽培されているおもな作物と，飼われているおもな家畜の最も正しい組み合わせを，表の**ア**〜**オ**から1つ選び，記号で答えなさい。

	ア	イ	ウ	エ	オ
栽培されているおもな作物	とうもろこし	小麦	じゃがいも	とうもろこし	小麦
飼われているおもな家畜	豚や肉牛	羊や馬	豚や乳牛	羊や馬	羊や乳牛

(3) 次の文は，ある中学生が「アメリカ合衆国」について学習した後，その内容を旅行記ふうにまとめたものの一部である。この文にあてはまるコースはどれか。地図中の**ア〜オ**の→印から1つ選び，記号で答えなさい。

> 航空機工業や石油化学工業などの発達している大都市から飛び立った旅客機は，しばらくして高原にある砂漠の上空を横切り，大山脈をこえた。すると行く手に大平原が現れ，北アメリカ大陸で最も長い川も見えてきた。あの川を横切り，低い山脈をこえれば，やがてこの国の政治の中心となっている都市に着くはずだ。

〔福島−改〕

ワンポイント
(3) 北アメリカ大陸で最も長い川はミシシッピ川で，流域面積も世界で4番目に広い川である。

3 [アメリカ合衆国の社会と産業] アメリカ合衆国について，次の各問いに答えなさい。

記述式
(1) 次の略地図はアメリカ合衆国の地熱発電所がある州を彩色して示したものである。地熱発電所のある州がかたよった場所に分布しているのはなぜか，その理由の1つとして考えられることを，高くて険しい山脈や列島の連なりをあらわす語句を使って説明しなさい。

(米国エネルギー情報局ホームページ)

重要
(2) 建設労働や農林水産業などの従事者の中で割合が高い，スペイン語を話す移民を何といいますか。

(3) アメリカ合衆国で国際連合の本部が置かれている都市の名まえを答えなさい。

(4) 宇宙関連工業がさかんで，郊外にアメリカ航空宇宙局がある都市はどこですか。

〔沖縄・三重−改〕

3 (10点×4−40点)

(1)
(2)
(3)
(4)

ワンポイント
(2) メキシコや西インド諸島から移住してきた人々が多い。

9 南アメリカ

重要点をつかもう

1 南アメリカ

① **歴史と住民**　インディオの文明(アステカ・インカ)→スペイン・ポルトガルの侵入(しんにゅう)→混血が進む(**メスチソ**など)。

② **自然**　インカなどの文明が栄えた**アンデス山脈**，ラプラタ川流域の**パンパ**，**アマゾン川**やその流域に広がるセルバなど。

③ **運河**　パナマ運河。

④ **アンデス諸国**　高山気候，豊かな鉱産資源(銅・銀・鉄鉱石など)。

⑤ **ブラジル**　コーヒーの単一栽培(さいばい)→多角化，工業化(BRICS(ブリックス)の1つ)，日系人が多く居住，外港。**バイオエタノール**(**液体バイオ燃料**)の生産。

リャノ
セルバ
パナマ運河
アマゾン川
ブラジル高原
太平洋
アンデス山脈
カンポ
大西洋
ラプラタ川
パンパ
マゼラン海峡(かいきょう)

▲南アメリカの自然

Step 1 基本問題

解答▶別冊7ページ

1 図解チェック　地図の空所に適語を入れなさい。

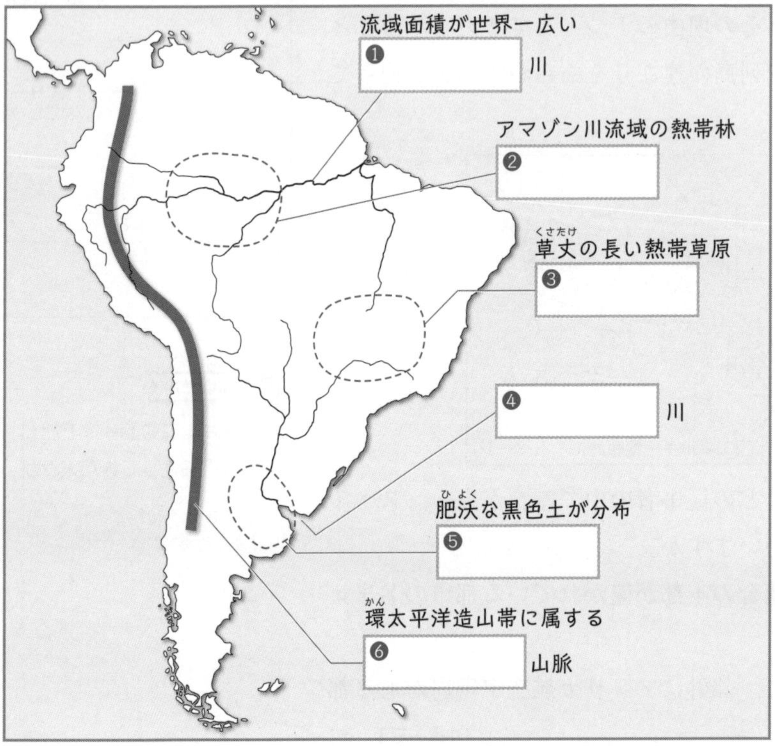

流域面積が世界一広い
❶ 川
アマゾン川流域の熱帯林
❷
草丈(くさたけ)の長い熱帯草原
❸
❹ 川
肥沃(ひよく)な黒色土が分布
❺
環(かん)太平洋造山帯に属する
❻ 山脈

Guide

くわしく **■植民地支配を受けた南アメリカ**
ポルトガルやスペインから植民地支配を受けたため，今なお大土地所有制の名残があり，**モノカルチャー経済**の国が多い。また，ブラジルではポルトガル語，その他ではスペイン語がおもに使われている。

■南アメリカの人種・民族構成
南アメリカには先住民，ヨーロッパから移住してきた白人，アフリカ系黒人との混血が進み，ヨーロッパ系と先住民の混血であるメスチソ，ヨーロッパ系とアフリカ系の混血であるムラートなどの割合が高い。

2 [南アメリカの国々] 右の地図を見て，各問いに答えなさい。

(1) 先住民が人口の約45％を占め，漁獲量が世界有数の国はどこか，**ア**〜**ウ**から選び，国名も答えなさい。
[　　　][　　　　　]

(2) 中央部に広がる肥沃なパンパで，小麦などが栽培され，牧畜もさかんな国はどこか，**ア**〜**ウ**から選び，国名も答えなさい。
[　　　][　　　　　]

(3) 地図中**イ**の国が世界第1位の生産をほこる農産物は，茶・カカオ・コーヒーのうち，どれですか。
[　　　　　　　　]

(4) 地図中**イ**の国の▲で，埋蔵量が世界最大級の鉱産資源は何ですか。
[　　　　　　　　]

(5) 地図中**イ**の国で，バイオエタノール生産のためにとうもろこしとともに栽培が増えている農作物は何か。[　　　　　　]

3 [南アメリカの自然と農業] あとの地図を見て，各問いに答えなさい。

(1) 地図中**X**〜**Z**の都市の気候グラフにあたるものを，次の**ア**〜**ウ**から1つずつ選び，記号で答えなさい。

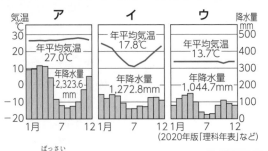

(2020年版「理科年表」など)

X[　　　]
Y[　　　]
Z[　　　]

(2) 森林を伐採し，木を焼いた灰を肥料にして，キャッサバやバナナなどを栽培する農業を何というか。また，その農業がさかんな地域に位置する都市を，地図中**X**〜**Z**から1つ選び，記号で答えなさい。
[　　　　　　]農業
[　　　]

バイオエタノール さとうきびやとうもろこしなどを発酵させ，蒸留してつくる物質で，燃料となる。再生可能なエネルギーであるうえ，植物が成長時に二酸化炭素を吸収するため，燃焼させても二酸化炭素が増加することにはならないとされ，近年，利用が進んでいる。

セルバ 南アメリカのアマゾン盆地付近に広がっている熱帯雨林のこと。近年，過度の伐採による自然破壊が進んでいる。

パナマ運河 中央アメリカのパナマ地峡にあり，1999年にアメリカ合衆国からパナマ共和国に返還された。パナマ共和国ではパナマ運河の通行料が国のおもな収入源となっている。

リャマ，アルパカ アンデス山脈で飼われているラクダ科の家畜。リャマは荷物を運ばせるほか，毛や皮，肉を得るために飼育されている。また，ふんや脂肪は燃料になる。アルパカは，おもに毛を得るために飼育されている。

Step ② 標準問題

時間	合格点	得点
30分	70点	点

解答▶別冊 7 ページ

1 [南アメリカの人々と産業] 次の各問いに答えなさい。

(1) 次の文中の[   ]にあてはまることばを答えなさい。

> 略地図の------Aから南の地域は，16世紀ごろ，おもにスペイン，ポルトガルの植民地となり，独立した現在でも言語，宗教，文化などの面で，これらの国の影響（えいきょう）が残っていることから，[   ]アメリカと呼ばれている。

(2) 南アメリカ大陸で15世紀ごろに最盛期となった先住民の国を何といいますか。

(3) この地域の多くはスペイン，ポルトガルの植民地となり，先住民とヨーロッパ人の混血が進んだ。先住民とヨーロッパ人の混血の人々を何といいますか。

重要 (4) この地域へは，これまで，わが国から多くの人々が移住した。現在，日系人の数が最も多い国を略地図中の**ア～エ**から選びなさい。また，その国名を答えなさい。

(5) 略地図中の◯の地域で飼育されている代表的な家畜（かちく）はどれか。次の**ア～エ**から 1 つ選び，記号で答えなさい。

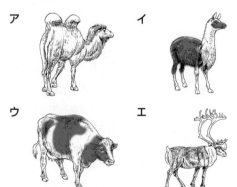

ア　　　　　　イ

ウ　　　　　　エ

(6) 右のグラフは，ある農産物の国別生産高の割合を示したものである。この農産物は何か，答えなさい。グラフ中の**イ・ウ**は略地図中の**イ・ウ**の国と同一である。

(2018年)

	ホンジュラス4.7		エチオピア4.6
インドネシア			

ウ 34.5%	ベトナム 15.7	7.0	**イ** 7.0		その他 26.5

(10,303千t)　(2020/21年版「日本国勢図会」)

---

1 (10 点×7－70 点)

(1)	
(2)	
(3)	
(4)	記号
	国名
(5)	
(6)	

ワンポイント

(1) ヨーロッパには大きく分けると 3 つの民族が存在する。スペイン人・ポルトガル人がどの民族に属するか考える。

(4)「この国」への移民は，1908年から始まっている。現在，その子孫にあたる人々が日本に多数出かせぎに来ている。

(6) グラフ中の国が，南アメリカ・アジア諸国であることから，プランテーション農業の作物であることが推測（すいそく）できる。

2 [南アメリカの産業] 右の略地図を見て，各問いに答えなさい。

重要
(1) Xの国を通るA，Bで示した緯線の
うち，赤道を示すものと，Xの国で
主に使われる言語の組み合わせとし
て最も適当なものを，次の**ア〜エ**か
ら1つ選び，記号で答えなさい。

略地図

ア 赤道―A
　　言語―スペイン語

イ 赤道―B　言語―スペイン語

ウ 赤道―A　言語―ポルトガル語

エ 赤道―B　言語―ポルトガル語

(2) 資料1，資料2は，Xの国の貿易についてまとめたものの一部
である。Xの国について，資料1，資料2から読み取れること
として正しい文を，次の**ア〜エ**から2つ選び，記号で答えなさ
い。

ア 1970年には，コーヒーに依存したモノカルチャー経済だっ
たが，その後，重工業が発展した。

イ 2018年には，中国が最大の貿易相手国であり，中国に対し
て赤字になっている。

ウ 1970年と2018年を比べると，鉄鉱石の輸出額はほとんど変
わっていない。

エ 1970年と比べて2018年は，輸出入総額は50倍以上になり，
貿易黒字になっている。

2 （10点×3－30点）

(1)	
(2)	

ワンポイント

(1) 南アメリカにおいて，赤
道はアマゾン川の河口付
近やエクアドルを通って
いる。また，南回帰線は，
ブラジルの大都市である
サンパウロやリオデジャ
ネイロ付近を通る。

(2) **ア** モノカルチャー経済
とは，特定の農作物や鉱
産資源にたよった経済の
ことである。

　　エ 貿易黒字とは，輸出
額が輸入額を上まわるこ
とをいう。逆に，輸入額
が輸出額を上まわる状態
は貿易赤字という。

資料1　X国の貿易相手上位4か国の輸出入額割合

1970年　輸出総額27億ドル	
輸出相手国	割合
アメリカ合衆国	24.7%
西ドイツ	8.6%
イタリア	7.2%
アルゼンチン	6.8%

1970年　輸入総額28億ドル	
輸入相手国	割合
アメリカ合衆国	32.3%
西ドイツ	12.6%
日本	6.3%
アルゼンチン	6.0%

2018年　輸出総額2,399億ドル	
輸出相手国	割合
中国	26.4%
アメリカ合衆国	12.0%
アルゼンチン	6.2%
オランダ	5.4%

2018年　輸入総額1,812億ドル	
輸入相手国	割合
中国	19.4%
アメリカ合衆国	16.4%
アルゼンチン	6.2%
ドイツ	5.9%

（2020/21年版「世界国勢図会」ほか）

資料2　X国の主要輸出品の割合

1970年
27億ドル
鉄鉱石7.7　綿花5.8
コーヒー35.9%　砂糖4.9　その他

2018年
2,399億ドル
鉄鉱石　機械類
原油13.8%　10.58.47.7　肉類6.0　その他
大豆　鉄鋼5.3　自動車5.1

（資料1，資料2は，UN Comtrade ほか）

〔三重－改〕

10 オセアニア

▶ 重要点をつかもう

1 オセアニア

① **オセアニア** オーストラリア大陸と
ニュージーランド，そして太平洋に
点在する島々をあわせた地域。

② **オーストラリア** 首都キャンベラ。
石炭・鉄鉱石などの鉱産資源が豊富。
また，羊毛の輸出は世界一。先住民
は**アボリジニ**。

③ **太平洋の島々** 火山島とさんご礁の
島。観光業がさかん。

④ **ニュージーランド** 偏西風の影響で
緯度のわりに温和。**牧羊**のさかんな農業国。先住民は**マオリ**。

⑤ **APEC** アジア太平洋経済協力会議のこと。オーストラリアの提唱で，1989年に結成された。

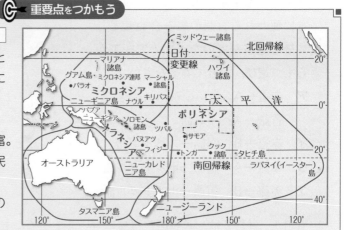

▲オセアニア

Step 1 基本問題

解答▶別冊8ページ

1 図解チェック⚡ 地図の空所に適語を入れなさい。

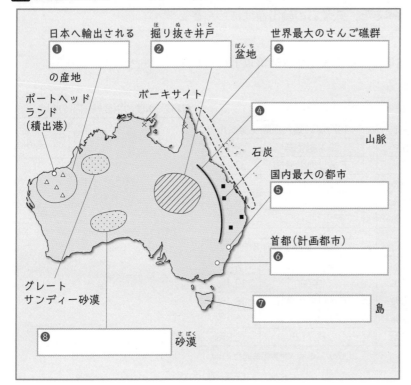

日本へ輸出される
❶ ［　　　　　］
の産地

掘り抜き井戸
❷ ［　　　　　］
盆地

世界最大のさんご礁群
❸ ［　　　　　］

❹ ［　　　　　］
山脈

ポートヘッド
ランド
（積出港）

ボーキサイト

石炭

国内最大の都市
❺ ［　　　　　］

首都（計画都市）
❻ ［　　　　　］

グレート
サンディー砂漠

❼ ［　　　　　］
島

❽ ［　　　　　］
砂漠

Guide

くわしく
掘り抜き井戸
大鑽井（グレートアーテジアン）盆地では掘り抜き井戸を使った大規模な羊の牧畜が行われている。

大鑽井
盆地

グレートディバ
イディング山脈
…雨が多い

太平洋

井戸　　地下水

ことば
アボリジニ
オーストラリアの先住民。オーストラリアに入植したイギリス人から迫害を受けて辺境地に追われ，人口が急減した。ニュージーランドの先住民はマオリという。

2 [オーストラリア] 次の各問いに答えなさい。

(1) オーストラリアの先住民を何といいますか。

[   ]

(2) オーストラリアが1970年代までとっていた，ヨーロッパ系以外の移民を制限した政策を何といいますか。

[   ]

(3) 表のＡ，Ｂにあてはまる鉱産資源は何ですか。

A[   ]
B[   ]

オーストラリアのおもな貿易品(2017年)

輸出(百万ドル)		輸入(百万ドル)	
A	48,521	機械類	53,802
B	43,296	自動車	29,585
液化天然ガス	19,669	石油製品	15,748
金(非貨幣用)	13,520	医薬品	8,696
肉類	9,085	原油	7,495
機械類	7,742	衣類	6,897
アルミナ	5,618	船舶	6,890
小麦	4,650	精密機械	6,474
計	230,163	計	228,442

(2020/21年版「日本国勢図会」)

(4) オーストラリアの鉱山で行われている，地表から直接鉱産資源を掘り出す方法を何といいますか。 [   ]

(5) オーストラリアの北東岸に長大なさんご礁が広がっている。これを何といいますか。 [   ]

3 [オセアニアの国々] 右の地図を見て，各問いに答えなさい。

(1) ニュージーランドの位置を右の地図のア〜エから１つ選びなさい。 [   ]

オーストラリア

(2) ニュージーランドの先住民を何といいますか。

[   ]

(3) 次のア〜エから，オセアニア州に属さない国を１つ選びなさい。 [   ]

ア ニュージーランド　　イ パプアニューギニア
ウ オーストラリア　　　エ フィリピン

(4) オーストラリア大陸のほぼ中央にある，世界最大級の一枚岩を何といいますか。 [   ]

(5) オーストラリアの内陸部では，おもに牛と何の放牧が行われていますか。 [   ]

⚠ 注意 **太平洋の島々**
■**メラネシア**―「黒い島々」の意味。赤道のほぼ南側，東側は180度の経線付近まで。
■**ミクロネシア**―「小さい島々」の意味。赤道より北側で，北回帰線と，東経130度と180度の経線に囲まれた地域。
■**ポリネシア**―「多くの島々」の意味。ハワイ諸島・ニュージーランド・ラパヌイ島に囲まれた地域。

🎓 くわしく **白豪主義**
■**外国人労働者の急増**―オーストラリアでは，19世紀後半に労働力不足や金鉱の発見から，中国人をはじめとするアジア系の外国人労働者が急増した。
■**白豪主義の始まり**―低賃金労働をいとわない外国人労働者に対して，白人は仕事を奪われる危機感をもち，外国人労働者を閉め出す動きを強めて，20世紀初めには，有色人種の移住を制限する法律を整えた。このようにオーストラリアを白人だけの国にしようとする政策を**白豪主義**という。
■**白豪主義から多文化主義へ**―イギリスが1973年，ＥＣに加盟したことでイギリス連邦とのつながりが弱まり，オーストラリアはアジアとの関係を重視するようになると，移民の制限をなくして，白豪主義から多文化主義の政策に転換した。

時間 30分	合格点 70点	得点 点

Step ② 標準問題

解答▶別冊8ページ

1 [オセアニアの国々] オセアニアの国々について，次の各問いに答えなさい。

1 （10点×4－40点）

記述式 (1) 右の資料は，地図中のA国，B国と，イギリスの国旗を示したものである。A国とB国の国旗にイギリスの国旗が入っているのは，かつて両国がイギリスとどのような関係にあったからか，考えられることを答えなさい。

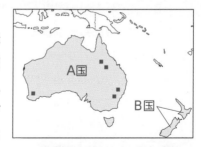

A国　　B国

イギリス

(2) A国，B国の先住民の組み合わせとして，正しいものを次の**ア～エ**から1つ選び，記号で答えなさい。

ア　A国—インディオ　　B国—マオリ

イ　A国—マオリ　　　　B国—アボリジニ

ウ　A国—アボリジニ　　B国—インディオ

エ　A国—アボリジニ　　B国—マオリ

重要 (3) 次の資料は，地図中のA国に■でおもな産地を示した鉱産資源の，A国のおもな輸出先とその割合を示したものである。この鉱産資源名を答えなさい。

輸出総計 38,930万 t	輸出先	日本	中国	韓国	その他
	%	31.1	18.1	13.2	37.6

(2016年)　　　　　　（2020年版「データブック オブ・ザ・ワールド」）

(4) 右の地図中のB国は国土のほとんどが温帯に属しており，同じ風向きの風が一年を通して吹いているため，気温や降水量の変化が日本より少ない。この風向きとして最も適切なものを右の資料中の**ア～エ**から1つ選び，記号で答えなさい。

〔群馬・三重－改〕

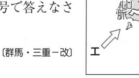

北島

南島

サ　　山脈

年降水量
2,000mm以上
1,000～2,000mm
1,000mm未満

(1)
(2)
(3)
(4)

ワンポイント

(1) イギリスの国旗がデザインの一部となっているオセアニア州の国は他にもツバル，フィジーがある。

(3) 輸出先は，距離や輸送費の関係もあり，東アジアに集中している。

(4) 年降水量と山脈の位置に注目する。

重要 **2** [オーストラリアの産業] 右の略地図を見て，次の各問いに答えなさい。

(1) 略地図中のXで示した経線は兵庫県（ひょうご）を通る。Xの経度にあたるものを次の**ア〜ウ**から1つ選び，記号で答えなさい。

　ア　東経120度

　イ　東経135度

　ウ　東経150度

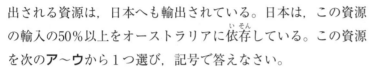

(2) 略地図中の①付近でおもに産出される資源は，日本へも輸出されている。日本は，この資源の輸入の50％以上をオーストラリアに依存（いそん）している。この資源を次の**ア〜ウ**から1つ選び，記号で答えなさい。

　ア　すず鉱　　**イ**　銅　鉱　　**ウ**　鉄鉱石

(3) 略地図中のAの点線は，年降水量何mmの線を表しているか。次の**ア〜エ**から1つ選び，記号で答えなさい。

　ア　150 mm　　**イ**　250 mm

　ウ　500 mm　　**エ**　1,000 mm

(4) 略地図中のBは，オーストラリアにおける最大の都市で，2000年にオリンピックが開催（かいさい）された。この都市名を次の**ア〜エ**から1つ選び，記号で答えなさい。

　ア　シドニー　　　**イ**　キャンベラ

　ウ　メルボルン　　**エ**　アデレード

記述式 (5) 右の写真のように，ある家畜（かちく）が大規模に飼育されている地域を略地図中の**ア〜ウ**から1つ選び，記号で答えなさい。また，この地域の牧畜業について，気候との関係にふれながら説明しなさい。

記述式 (6) オーストラリアでは，多文化主義の考え方にもとづく政策が進められてきた。多文化主義とはどのような考え方か，説明しなさい。

〔兵庫・お茶の水女子大附高−改〕

---

2 （10点×6−60点）

(1)	
(2)	
(3)	
(4)	
(5)	記号
	説明
(6)	

第1章

第2章

第3章

第4章

ワンポイント

(1) 兵庫県明石市（あかし）を日本の標準時子午線（しごせん）が通っていることを参考にする。

(2) 日本はこの資源をブラジルや南アフリカ共和国などからも輸入している。

(5) 羊は牛に比べると，乾燥（かんそう）地域でも飼育しやすい家畜である。

(6) オーストラリアでは，1970年代を境に，白豪主義（はくごう）から多文化主義に転換した。

【　　　月　　　日】

Step ③ 実力問題②

時間 30分　合格点 70点　得点　　点

解答▶別冊8ページ

1 右の図1・2を見て，各問いに答えなさい。(50点)

図1

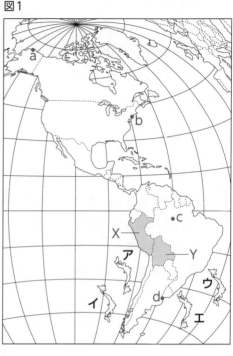

重要
(1) 日本を地球の正反対側に置いた位置を示すものを，図1中の**ア〜エ**から1つ選びなさい。(10点)

難問
(2) 表1は図1中の都市a〜dの7月の平均気温を示している。dにあたるものを，表1中の**ア〜エ**から1つ選び，記号で答えなさい。なお，**ア・エ**は1年の各月の平均気温のうち，7月の平均気温が最も高い。(10点)

表1　7月の平均気温(℃)

ア	イ	ウ	エ
25.3	26.9	11.0	5.0

(2020年版「理科年表」)

(3) アメリカ合衆国の北緯37度以南の地域(カリフォルニア州からメキシコ湾岸)に，ハイテク産業などが発達した。この地域を何といいますか。(10点)

記述式
(4) アメリカ合衆国のグレートプレーンズでは，スプリンクラーを用いたセンターピボット方式による農業が行われている。図2を参考に，このような農業が行われている理由を，この地域の気候の特色にふれ，「地下水」という語句も用いて説明しなさい。(10点)

図2　年平均降水量線(mm/年)

(2016年版「Goode's World Atlas」など)

難問
(5) 図1中のX国とY国の農業の様子について述べた文中の空所に入る語句の組み合わせとして正しいものを，次の**ア〜エ**から1つ選び，記号で答えなさい。(10点)

> 6,000m級の山脈に住む人々は，標高2,000〜3,000mでは(　A　)を，それより高い地域では(　B　)を，標高4,000m以上では(　C　)をしている。

ア A—とうもろこしの栽培　B—じゃがいもの栽培　C—リャマ・アルパカの放牧

イ A—じゃがいもの栽培　B—リャマ・アルパカの放牧　C—とうもろこしの栽培

ウ A—じゃがいもの栽培　B—とうもろこしの栽培　C—リャマ・アルパカの放牧

エ A—リャマ・アルパカの放牧　B—とうもろこしの栽培　C—じゃがいもの栽培

〔兵庫・大分・山口－改〕

(1)	(2)	(3)		
(4)				(5)

2 オーストラリアとカナダについて，次の図や資料を見て，各問いに答えなさい。(50点)

図Ⅰ　オーストラリア(左)とカナダ(右)

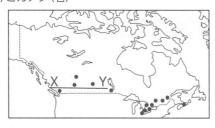

・人口20万人以上の都市
※図の縮尺は同じではない。

資料Ⅰ

記述式 (1) 図Ⅰのオーストラリアとカナダの図中の線X―Yに沿って切った断面を模式的に表すと資料Ⅰの**ア・イ**のいずれかになる。カナダにあたるものを記号で答え，その理由を具体的に地名をあげて説明しなさい。(各5点)

記述式 (2) 図Ⅰ中の・は人口20万人以上の都市を表している。図Ⅰ・図Ⅱ・資料Ⅱからわかる，都市の分布の特徴<ruby>徴<rt>とくちょう</rt></ruby>を，それぞれ簡潔に説明しなさい。(各10点)

図Ⅱ　オーストラリアとカナダの気候帯の分布

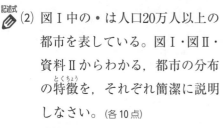

□熱帯　□<ruby>乾燥<rt>かんそう</rt></ruby>帯　□温帯　▨<ruby>冷帯<rt>あ</rt></ruby>(亜寒帯)　■寒帯
※図の縮尺は同じではない。

資料Ⅱ

〈オーストラリア〉　移民たちは，港に適した場所を<ruby>開拓<rt>かいたく</rt></ruby>の<ruby>拠点<rt>きょてん</rt></ruby>とした。
〈カナダ〉　<ruby>隣国<rt>りんごく</rt></ruby>との交流がさかんで，隣国との貿易は貿易総額の約60%を<ruby>占<rt>し</rt></ruby>める。

重要 (3) 図Ⅲは，北を上にした世界地図の<ruby>緯線<rt>いせん</rt></ruby>と<ruby>経線<rt>きょうせん</rt></ruby>だけを表したものである。オーストラリアの位置を，図Ⅲ中の**ア〜エ**から1つ選び，記号で答えなさい。(10点)

(4) 両国には200以上の民族が存在し，テレビは多言語で放送している。両国がめざす社会を何といいますか。(10点)　〔群馬・愛媛-改〕

図Ⅲ

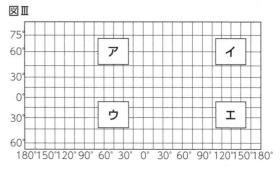

(1)	記号	理由		
(2)	オーストラリア		カナダ	
(3)		(4)		

★★

1 (1)問題文中の，「**ア，エ**は7月の気温が最も高い」という部分に注目する。
(5)4,000mをこえると農業にはむかない。

2 (3)図Ⅲの経度の表示を判断の材料とする。

11. 地域調査

◎──重要点をつかもう

1 地図の役割

地域の様子や変化を調べたり，旅行などのときに利用したりすると便利。

2 地形図の見方

国土交通省国土地理院発行，**縮尺・方位・等高線**(土地の高低・傾斜)・**地図記号**，地形図を利用した作業(断面図・土地利用図)。

3 身近な地域の理解

地域の変化・自然・人口・産業などを調べる。

4 調査活動

調査地域のテーマの決定，実地調査。

5 調査結果のまとめ

文章や各種地図，グラフにまとめる。発表する。他のグループの発表を聞く。

土地利用		建物など	
田	｜｜ ｜｜	◎ 市役所 東京都の区役所	☆ 工 場
畑・牧草地	∨ ∨	○ 町・村役場 指定都市の区役所	☆ 発電所等
果樹園	○ ○		卍 神 社
桑 畑	Ⴟ Ⴟ	✕ 小・中学校	卍 寺 院
茶 畑	∴	⊗ 高等学校	血 博物館等
荒 地	⊥⊥ ⊥⊥	⊞ 病 院	凸 図書館
広葉樹林	○ ○	⊖ 郵便局	介 老人ホーム
針葉樹林	∧ ∧	⊗ 警察署	卆 風 車
竹 林	⌇⌇	Ｙ 消防署	⩍ 城 跡
			△ 三角点
			⊡ 水準点

▲おもな地図記号

Step 1 基本問題

解答▶別冊9ページ

1 図解チェック⚡ 地図の空所に適語を入れなさい。

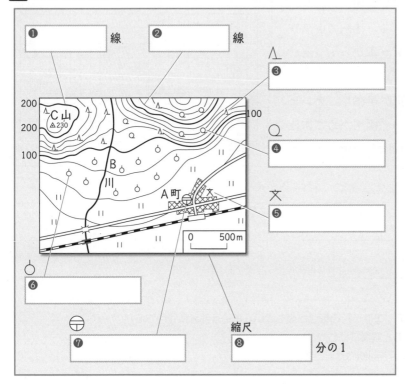

❶ 　　　　線　　❷ 　　　　線
❸
❹
❺
❻
❼
縮尺 ❽ 　　　　分の1

Guide

くわしく 等高線
等高線には**計曲線**(2万5千分の1→50m，5万分の1→100mの間隔)と**主曲線**(2万5千分の1→10m，5万分の1→20mの間隔)と補助曲線がある。

ことば 地形図
国土地理院が発行する，土地の利用・土地の起伏・建物の位置・交通路などを表した地図のことである。地形図には，2万5千分の1地形図，5万分の1地形図，大都市が中心の1万分の1地形図がある。このほかに，20万分の1地勢図，50万分の1地方図などがある。

2 [地形図] 次の地形図を見て，各問いに答えなさい。

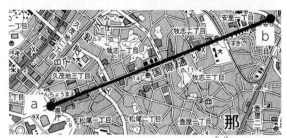

（2万5千分の1地形図「那覇」より作成）

(1) 地形図を作成している国土交通省に属する機関の名称を答えなさい。 [   ]

(2) 地形図で何の指定もないとき，上はどの方位を指しますか。 [   ]

(3) 地形図において，測量するときの高さの基準となる地点を何といいますか。 [   ]

(4) 2万5千分の1の地形図において，a県庁前交差点とb安里三叉路の長さは直線で6.4cmであった。実際の距離は何mか答えなさい。 [   ]

(5) 上の地形図には見られない地図記号を，次の**ア～エ**から1つ選び，記号で答えなさい。 [   ]

ア 老人ホーム　イ 消防署　ウ 博物館　エ 寺院

〔沖縄－改〕

3 [地形図の見方] 右の地形図を見て，各問いに答えなさい。

(1) この地形図の等高線で，計曲線は何mごとに引かれていますか。
[   ]

(2) この地形図の縮尺を答えなさい。
[   ]

(3) 地形図から読みとれる内容として正しければ○，誤っていれば×で答えなさい。

①千米寺の神社と勝沼町藤井の神社がある地点の標高差は約40mである。

②博物館から見て，電波塔は北西の方向にある。

①[   ] ②[   ]

(4) 地形図の果樹園が広がる地形を何というか答えなさい。 [   ]

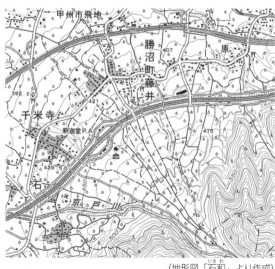

（地形図「石和」より作成）

Step ② 標準問題

解答▶別冊9ページ

重要 **1** [地形図の読みとり] 下の地形図を見て，次の各問いに答えなさい。

(1) 地形図上で同じ長さのP―Q，R―S，T―U，V―Wのうち，それぞれの両端(りょうたん)の高低差が最も大きいものを，次のア～エから1つ選び，記号で答えなさい。

　　ア P―Q　　イ R―S　　ウ T―U　　エ V―W

(2) 地形図から読みとれることとして正しいものを，次のア～エから1つ選び，記号で答えなさい。

　　ア 地形図のAの範囲(はんい)を流れる河川(かせん)は，bからaに向かって流れている。

　　イ 地形図のBの範囲には，果樹園が広がっている。

　　ウ 地形図のC点から見ると，おうみなかしょう駅は北西の方角にある。

　　エ 地形図のDの範囲には，工場と病院がある。

(3) 地形図中のX，Yは送電線上においた2点であり，その間隔は5cmである。XとYの間の実際の距離は何mですか。

1 (10点×4− 40点)

(1)	
(2)	
(3)	
(4)	

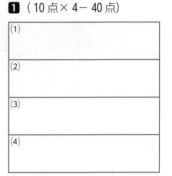

ワンポイント

(1) 間に引かれている等高線の本数に注目する。

(2) 地図中に方位記号が書かれていなければ，基本的に地図の上が北を指す。

※実際の試験の地形図を85%に縮小

(国土地理院発行2万5千分の1地形図「海津」より作成)

(4) 地形図には，百瀬川が山地から平野に流れ出ているところに，この川によって上流から運ばれた小石や砂が積もってできた地形が見られる。このような地形を何といいますか。 〔長崎−改〕

2 [身近な地域の調査] 次の事項を調べるとき，最も適当な方法を，あとのア〜オからそれぞれ選び，記号で答えなさい。

(1) 地域の変化の様子 (2) 商店の種類とその数
(3) 学校から駅までの距離 (4) 通勤・通学者の数
[調査方法] ア 駅にある資料を写す。
　　　　　　イ 現在の地形図で調べる。
　　　　　　ウ 学校の屋上から観察する。
　　　　　　エ 古い地図や写真を調べる。
　　　　　　オ 市役所で統計を調べる。

2 （10点×4− 40点）

(1)
(2)
(3)
(4)

3 [地形図と土地利用] 次の図と，図について説明した資料を参考に，図に見られる地形を何というか答えなさい。また，図の▨にあてはまる2万5千分の1の地形図を，あとのア〜エから1つ選び，記号で答えなさい。 〔茨城〕

3 （10点×2− 20点）

地形
記号

十三湖

0　　2,000m

資料

　図は河川の河口部に形成される地形で，河川が運んできた砂や泥がたまった低く平らな地形である。海岸だけでなく，湖岸に形成されることもある。

ワンポイント

　日本の平地の多くは河川が土砂を堆積させてつくった沖積平野である。図もその1つで，この地域は河口に近いので，水が豊富なことが土地利用を考えるポイントになる。

ア
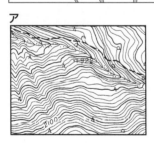

イ
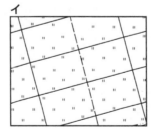

ウ
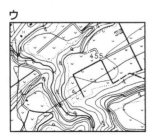

エ

Step 3 実力問題 ①

1 地形図Ⅰ・Ⅱを見て，各問いに答えなさい。

（50点）

(1) 右の地形図Ⅰ中の**ア〜エ**は，登山経路を示して
おり，それぞれの矢印は進行方向を示している。
次の文は，**ア〜エ**の経路のうち，いずれかの特
徴(ちょう)について説明したものである。この説明にあ
てはまる最も適切な経路を，地形図中の**ア〜エ**
から1つ選び，記号で答えなさい。（10点）

> 始めはゆるやかな登りだが，途中(とちゅう)から急な
> 登りになっている。

地形図Ⅰ　蓼科山(たてしなやま)周辺の山間地

（国土地理院2万5千分の1地形図「蓼科山」より作成）

(2) 地形図Ⅰ中の地点Ⅹと地点Ⅳの標高差は約
何mか。最も適切なものを，次の**ア〜オ**から1つ選び，記号で答えなさい。（10点）

ア 約75m　　**イ** 約100m　　**ウ** 約150m　　**エ** 約200m　　**オ** 約300m

(3) 地形図Ⅰ中にみられる，∧の地図記号が表すものは何か，答えなさい。（10点）

(4) 右の地形図Ⅱより読み取
れることとして誤(あやま)ってい
るものを，次の**ア〜オ**か
ら2つ選び，記号で答え
なさい。（各10点）

ア 主曲線は50mごと
に引かれている。

イ 国立博物館から正倉(しょうそう)
院(いん)までの地図上の直
線距離(きょり)は約4cmであ
ったので，実際の距
離は約1kmである。

ウ 若草山(わかくさやま)(三笠山(みかさやま))付近
では，東大寺付近に
比べて等高線の間隔が狭いので，傾斜(けいしゃ)は急である。

エ 若草山(三笠山)の三角点から，奈良公園は南東方向に位置する。

オ 県庁の半径500m以内の範囲に，警察署，郵便局がある。

地形図Ⅱ　奈良市の一部

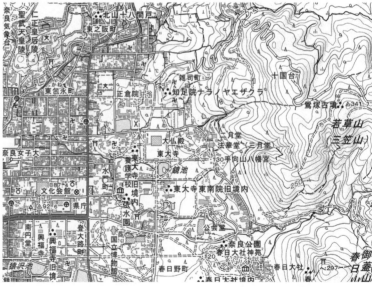

（国土地理院2万5千分の1地形図「奈良」より作成）

〔新潟・静岡・富山－改〕

(1)	(2)	(3)	(4)	

② 生徒が埼玉県草加市の松原団地周辺の地域調査を行った。各問いに答えなさい。（50点）

地図

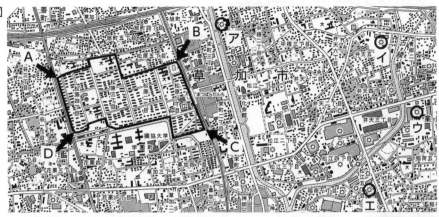

第1章
第2章
第3章
第4章

（国土地理院
2万5千分の1
地形図「越谷」の一部
2006年発行）
（※実際の試験の
地形図を80%に縮小）

重要
記述式 (1) 右の写真は，地形図中の太線で囲まれた松原団地を昭和38年
ごろに撮影したものである。撮影した方向を地形図中の**A**〜
Dから1つ選び，記号で答えなさい。また，地形図と写真と
比較して，松原団地周辺の土地利用の変化について，簡潔に
説明しなさい。（各10点）

記述式 (2) 次の資料1は，松原団地地区で活動するボランティア団体のおもな活動内容である。これら
の活動は，松原団地地区にくらす住民のどのような状況に対応したものか，資料2を参考に
して簡潔に説明しなさい。（20点）

資料1　ボランティア団体のおもな活動

・落語会や歌の会を開催する。
・団地住民の交流会を実施する。
・希望者に，電話をして健康状態を確認
　する。

資料2　松原団地地区の世帯人数と年齢構成の変化

	1世帯あたりの人数（人）	人口に占める年齢別割合（%）		
		0〜14歳	15〜64歳	65歳以上
昭和54年	3.0	29.2	67.5	3.3
平成7年	2.3	12.6	76.4	11.0
令和2年	1.8	11.9	53.4	34.7

（草加市ホームページなど）

(3) 次の文は，生徒が歩いた「まつばらだんち」駅から工場までの調査ルートについて説明して
いる。生徒が着いた工場を，地形図中の**ア**〜**エ**から1つ選びなさい。（10点）　〔群馬−改〕

> 駅の東口を出て直進し橋の手前で南の方に曲がり，川沿いに750mほど歩き左折した。道なり
> に進み，交番があるY字路を右手に進み，1つ目の交差点を右折し600mほど歩いて工場に着いた。

(1)	記号	説明			
(2)					(3)

✦✦✦✦✦✦✦✦✦✦✦✦✦✦✦✦✦✦✦✦✦✦✦✦✦✦✦✦✦✦✦✦✦✦✦

ヒント

❶ (1) 等高線の間隔に注目する。間隔がせまい箇所は傾斜が急，広い箇所は傾斜がゆるやかである。
　(2) 等高線の数を数えて，標高差を求める。
❷ (2) 65歳以上の割合は急増しているが，1世帯あたりの人数は減少している点に注目。

12 日本の自然環境

重要点をつかもう

1 日本の地形

① 造山帯　環太平洋造山帯の一部
　火山が多い→噴火・火砕流・地震・津波。
② 河川　世界の川に比べて短く，流れが急→洪水がおこりやすい。

2 日本の気候

大部分が温帯。一部，亜熱帯と冷帯(亜寒帯)。
四季の変化が明確。世界的に見て降水量が多い。季節風(モンスーン)の影響→台風・梅雨。

3 災害への備え

地域・地方の枠をこえて協力。
自助・共助・公助。防災・減災への取り組み→ハザードマップ(防災マップ)。

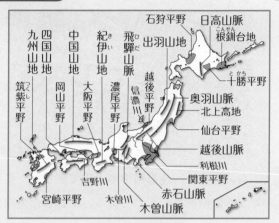

石狩平野　日高山脈　根釧台地　十勝平野　奥羽山脈　北上高地　仙台平野　越後山脈　利根川　関東平野　赤石山脈　木曽山脈　木曽川　吉野川　宮崎平野　筑紫平野　岡山平野　大阪平野　濃尾平野　信濃川　越後平野　紀伊山地　飛驒山脈　出羽山地　中国山地　四国山地　九州山地

▲日本の自然

Step 1 基本問題

解答▶別冊9ページ

1 図解チェック⚡ 地図の空所に適語を入れなさい。

❶　　　　　造山帯
❷　　　　　造山帯
❸　　　　　山脈
❹　世界最大の流域面積　　　　川
❺　　　　　山脈
❻　世界最大級の高原　　　　高原
❼　世界最長の河川　　　　川

アルプス山脈　ウラル山脈　ヒマラヤ山脈　アパラチア山脈　ブラジル高原　世界最大の砂漠 サハラ砂漠　グレートディバイディング山脈

Guide

くわしく　造山帯(変動帯)
造山運動によって山地ができた地帯。日本列島は，環太平洋造山帯と呼ばれる，太平洋をとりまく造山帯に属している。この地域は，火山活動が活発で，地震が多い地域である。

ことば　フォッサマグナ(大地溝帯)
日本列島を東北日本と西南日本に分ける巨大な溝のこと。西縁は糸魚川−静岡構造線で，大規模な断層が見られる。

2 [日本の地形・気候] 右の略地図を見て、各問いに答えなさい。

(1) 略地図中のA・Bの山脈名を答えなさい。

A[　　　　　　　　　]
B[　　　　　　　　　]

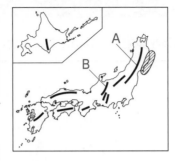

(2) 河口付近に土砂が堆積することで
できる地形を何といいますか。

[　　　　　　　　　]

(3) 略地図中の▨▨にみられる出入りの激しい複雑な海岸地形を
何といいますか。　　　　　　　　　　[　　　　　　　　　]

(4) 夏と冬で吹く方向が変わり、日本の夏に雨をもたらす風を何と
いいますか。　　　　　　　　　　　　[　　　　　　　　　]

(5) 東北より南の地域で、6〜7月にかけて続く長雨のことを何と
いいますか。　　　　　　　　　　　　[　　　　　　　　　]

(6) 自然災害による被害を予測し、被害の範囲や避難経路、避難場
所などを示した地図を何といいますか。[　　　　　　　　　]

3 [日本の気候区] 右の地図を見て、各問いに答えなさい。

(1) 次の①〜④の説明文にあてはまる
地域はア〜エのどこか。記号と気
候区分名を答えなさい。

①夏は季節風によって雨が多いが、
冬は乾燥する。

[　　　][　　　　　　]

②冬は北西風を受けて雪が多く、
戸外の作業は困難である。[　　　][　　　　　　]

③南北に山地があり、夏・冬の季節風がさえぎられ、晴天の多
い温暖な気候である。　　[　　　][　　　　　　]

④海からはなれていて、海洋の影響が少ない。降水量も少なく
気温の年較差が大きい。

[　　　][　　　　　　]

(2) 右の①・②の雨温図は、図中のア
〜エのいずれかの地域のものであ
る。①・②にあてはまるものを
1つずつ選び、記号で答えなさい。

①[　　　]　②[　　　]

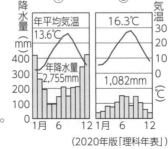

(2020年版「理科年表」)

第1章

第2章

第3章

第4章

扇状地と三角州

河川によって運ばれた土砂が山のふもとに堆積してできる地形を**扇状地**、河口付近に堆積してできる地形を**三角州（デルタ）**という。

日本の気候区分

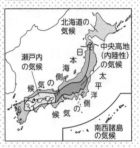

■**北海道の気候**—冬の寒さが厳しく、梅雨がない。

■**太平洋側の気候**—夏から秋にかけて降水量が多い。

■**日本海側の気候**—雪がよく降るため、冬に降水量が多い。

■**中央高地（内陸性）の気候**—寒暖の差が大きく、降水量が少ない。

■**瀬戸内の気候**—一年中おだやかで、降水量が少ない。

■**南西諸島の気候**—一年中温暖で、降水量が多い。

ゲリラ豪雨

近年日本国内で使用されるようになった集中豪雨の呼び名。集中豪雨の中でも局地的、突発的なもので、ヒートアイランド現象が一因との見方もある。予測が困難なうえ、短時間で驚異的な雨量をもたらすため、保水能力の低い都市部では深刻な被害が出ることがある（都市型水害）。

Step **2** 標準問題

時間	合格点	得点
25分	70点	点

解答▶別冊10ページ

重要 **1** [日本の自然] 右の略地図を見て, 各問いに答えなさい。

1（10点×3－30点）

(1)	
(2)	
(3)	記号
	理由

(1) 略地図中の〔　　〕は大地溝帯であり, 日本を東北日本と西南日本に分けるものである。この大地溝帯を何といいますか。

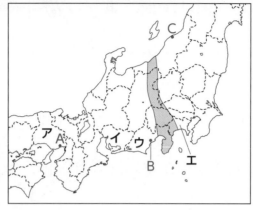

(2) 1995年1月に大地震がおこり, 多くの死者や負傷者が出た県を, 略地図中の**ア～エ**から1つ選び, 記号で答えなさい。

記述 (3) 次の**ア～ウ**のグラフは, 略地図中の県庁所在地の都市Ａ～Ｃの月別の平均気温と降水量を示している。都市Ｃのグラフを選んで, その記号を答えなさい。また, それを選んだ理由について3つのグラフを比較して, 平均気温と降水量の特徴から説明しなさい。

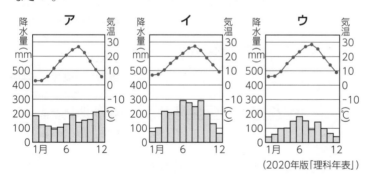

(2020年版「理科年表」)

〔兵庫－改〕

2 [世界と日本の河川] 右の略地図を見て, 各問いに答えなさい。

(1) 略地図にＸで示した信濃川について, 次の各問いに答えなさい。

①次の文中の(ａ), (ｂ)それぞれにあてはまる県名の組み合わせとして最も適当なものを, あとの**ア～エ**から1つ選び, 記号で答えなさい。

> 信濃川は, (a)県から河口のある(b)県に流れている。

ア a—岐阜 b—富山 **イ** a—岐阜 b—新潟

ウ a—長野 b—富山 **エ** a—長野 b—新潟

記述式
②次の資料1は, 信濃川を含む日本の5つの川と外国の6つの川について, 河口からの距離と標高の関係を示したものである。日本の川の特徴を資料1を参考に説明しなさい。

資料1

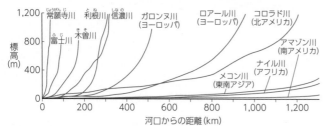

※河口からの距離は1,300km, 標高は1,200mまでの範囲で作成。 「日本の川」などから作成)

(2) 右の資料2は, 略地図にYで示した山梨県の甲府盆地の一部を上空から撮った写真である。資料2を見て, 次の各問いに答えなさい。

資料2

①資料2に見られるような, 川によって運ばれてきた土砂が山地から平地に流れ出たところにつくられる地形を何というか, 答えなさい。

②資料2のような地形で見られる特徴的な土地利用の説明として正しいものを, 次の**ア〜エ**から1つ選び, 記号で答えなさい。

ア 水が得やすいので, 畑に利用されている。

イ 水が得やすいので, 茶畑に利用されている。

ウ 水はけがよいので, 水田に利用されている。

エ 水はけがよいので, 果樹園に利用されている。

〔徳島—改〕

重要
3 [海流・海岸線・風] 次の各問いに答えなさい。

(1) 三陸海岸の沖を流れる寒流を何といいますか。

記述式
(2) 三陸海岸でかきやわかめの養殖がさかんに行われているのはなぜだと考えられますか。海岸の地形に着目して答えなさい。

(3) 夏に東北地方の太平洋側で北東の方角から吹く湿った風を何といいますか。

〔広島・富山—改〕

---

2 (10点×4—40点)

(1)	①
	②
(2)	①
	②

🎈 **ワンポイント**

(1) 信濃川の上流は千曲川と呼ばれている。千曲川は関東山地に発し, 八ヶ岳のふもとを通り, 佐久盆地や上田盆地を通り, 新潟県に入ると信濃川と呼ばれるようになる。

(2) 山梨県はももやぶどうの産地として有名である。

---

3 (10点×3—30点)

(1)
(2)
(3)

13 日本の人口

重要点をつかもう

1 世界の人口

約78億人（2020年），死亡率の低下→急激な人口増加（人口爆発），特にアジア，アフリカで急増。

2 日本の人口

① 約1億2,600万人（2020年）

太平洋ベルト，特に三大都市圏に集中（過密）↔農村・離島などでは深刻な過疎。

② 人口の動向　2005年に初めて人口減少。女性の晩婚化と出生率の低下→少子化，同時に高齢化も進む→少子高齢社会。

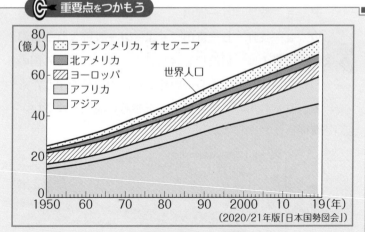

▲世界の地域別人口の推移

（2020/21年版「日本国勢図会」）

Step 1 基本問題

解答▶別冊10ページ

1 図解チェック⚡ 地図の空所に適語を入れなさい。

道庁所在都市
❶　　　　　市

西日本の政治・経済・文化の中心
❺　　　　　市

中国・四国地方の中枢都市
❻　　　　　市

九州地方の中枢都市
❼　　　　　市

東北地方の中枢都市
❷　　　　　市

東京都：日本の人口の約❸　　　　分の1が集中

三大都市圏の1つ
❹　　　　　市

2 [人口ピラミッド] 次の各問いに答えなさい。

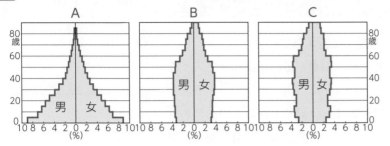

(1) 上の図A～Cの人口ピラミッドの型をそれぞれ答えなさい。

A [   ]   B [   ]

C [   ]

(2) 現在の日本の人口ピラミッドは何型ですか。

[   ]

(3) 出生率が低下し，65歳以上の人口の割合が高い社会を何といいますか。

[   ]

(4) 人口が集中する過密地域に対し，農村部など人口が減少している地域を何といいますか。 [   ]

3 [日本と世界の人口] 次のグラフを見て，各問いに答えなさい。

(1) 右のグラフA～Cは，日本，インド，スウェーデンのいずれかの年齢構成を示したものである。それぞれどの国のものか，答えなさい。

```
        ┌─0～14歳        65歳以上─┐
A  17.6%    15～64歳  62.2    20.2
                              ┌6.4
B  26.6%        67.0
C  12.6%      59.4        28.0
(2019年)
```

※四捨五入の関係で内訳の合計が100%にならない場合がある。

(2020年版「データブック オブ・ザ・ワールド」)

A [   ]   B [   ]

C [   ]

(2) 右の1～3の人口ピラミッドは，日本のものであるが，

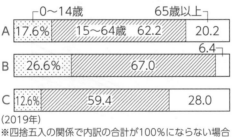

(2020/21年版「日本国勢図会」など)

年代の古い順に並べかえたものを，次の**ア～ウ**から1つ選び，記号で答えなさい。 [   ]

ア 1－3－2   **イ** 3－1－2   **ウ** 2－1－3

第1章

第2章

第3章

第4章

ことば 高齢社会
年齢構成において，65歳以上の人口割合が高い社会を高齢社会と呼ぶ。2019年現在，日本ではおよそ4人に1人が老年人口となっているが，2035年になると3人に1人が高齢者となる見込みであり，老人福祉などの問題が心配されている。ちなみに，高齢者の割合が21%以上の社会を超高齢社会といい，日本は超高齢社会に突入している。

くわしく 人口ピラミッド
ある国や地域の年齢別人口構成を男女別に表したグラフで，富士山型→人口増加型，つりがね型→人口停滞型，つぼ型→人口減少型などがある。一般的に経済の発展にともない，富士山型→つりがね型→つぼ型へと移行する。

注意 人口爆発
発展途上国などに見られる現象で，医療技術の発達などにより乳児死亡率が低下したため，人口が急激に増加した。その結果，食料不足が深刻化し，飢餓などの問題がおきている。

Step 2 標準問題

	時間		合格点		得点	
	30分		70点			点

解答▶別冊10ページ

1 [世界と日本の人口] 次の各問いに答えなさい。

(1) 世界には貧困などが原因となり，栄養不足の状態にある人々がいる。資料Ⅰは栄養不足人口割合が高い国・地域の分布を表している。また，資料Ⅱの**ア～エ**は，世界を分ける6つの州のうちの4つのいずれかである。それぞれの地域の社会状況や，資料Ⅰの分布から考えて，アフリカ州にあたるものを，資料Ⅱの**ア～エ**から1つ選び，記号で答えなさい。

資料Ⅰ　栄養不足人口割合が高い国

※ ■は栄養不足人口割合が5%以上の国を示す。
　□はデータなしの国・地域を示す。

(2016～18年)　　　　　　　　　　　　(国連食糧計画資料)

(2) 世界人口が増加する一方で，日本の人口は減少している。日本の過疎地域が国土面積のおよそ何%にあたるか，次から適当なものを選び，記号で答えなさい。

資料Ⅱ　世界の総人口と地域別人口の推移

オセアニア州
北アメリカ州
ア
イ
ウ
エ

(総務省資料)

ア 25　**イ** 40　**ウ** 60　**エ** 70

〔山形・帝塚山学院泉ヶ丘高〕

1 (10点×2− 20点)

(1)	
(2)	

ワンポイント

(1) 資料Ⅰからアフリカ州は栄養不足人口割合が高い国が多い。ここ数十年でアフリカ州の人口は爆発的に増加している。しかし，経済発展をともないながらの人口増加ではないため，さまざまな問題をかかえている。

(2) 市町村数で見ると，過疎地域は全市町村数の約48%を占めている。

2 [日本の人口] 日本の人口について，次の各問いに答えなさい。

(1) 現在(2019年)の日本の総人口として最も適切なものを，次の**ア～エ**から1つ選び，記号で答えなさい。

ア 6,000万人　　　**イ** 1億2,600万人
ウ 1億6,000万人　**エ** 2億2,600万人

(2) 日本は高齢者の割合が多くなってきている。65歳以上の人口の割合が高い社会を何というか，答えなさい。

2 (10点×5− 50点)

(1)	
(2)	
(3)	
(4)	
(5)	

(3) 次の**ア〜ウ**の図は1970年，1990年，2019年の日本の人口のピラミッドのいずれかである。3つの図を古い順に並べかえなさい。

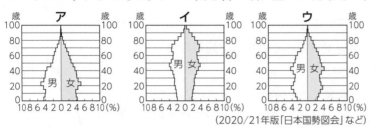

(2020/21年版「日本国勢図会」など)

(4) (3)を参考にして，現在の日本の人口ピラミッドは何型か，次の**ア〜ウ**から選びなさい。

ア 富士山型(ふじさん)　**イ** つぼ型　**ウ** つりがね型

(5) 人口の減少と経済活動の衰退(すいたい)によって，地域社会を維持(いじ)することが難しくなっている地域もある。このような地域でおこっている現象を何といいますか。

〔東京学芸大附高－改〕

ワンポイント
(1) 日本の人口は世界第11位。人口が2億人をこえる国は中国，インド，アメリカ合衆国，インドネシア，パキスタン，ブラジル，ナイジェリアの7か国だけである(2019年)。
(3) 一般的(いっぱん)に発展途上(とじょう)国の人口ピラミッドは富士山型(ピラミッド型)になる。経済成長するにつれ，つりがね型→つぼ型へと移行する。

3 [日本の人口の変化] 次の各問いに答えなさい。

記述式

(1) 右の資料は，日本，イギリス，フランス，スウェーデンの人口に占める高齢者(こうれい)の割合の推移と将来予測を示したものである。日本の高齢化のすすみ方の特徴(とくちょう)について述べた次の文中の□にあてはまることばを答えなさい。ただし，「期間」という語句を使うこと。

資料
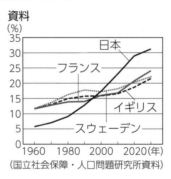
(国立社会保障・人口問題研究所資料)

> 日本は，他の国々と比較して□□□という特徴がある。

重要
記述式

(2) 次の**ア〜ウ**は，2019年の面積，人口，老年(65歳(さい)以上)人口割合のいずれかについて，上位7都道府県を塗(ぬ)りつぶしたものである。老年人口割合を示しているものを1つ選び，記号で答えなさい。また，選んだ理由を答えなさい。

〔鹿児島・千葉－改〕

ア	イ	ウ

(2020/21年版「日本国勢図会」)

3 (10点×3－30点)

(1)	
(2)	記号
	理由

Step ③ 実力問題②

【 　月　　日 】

時間 30分　合格点 70点　得点　点

解答▶別冊11ページ

1 右の資料を見て，各問いに答えなさい。(25点)

記述式
(1) 資料中の◯は好漁場となっている。その理由を周辺の海流に着目して簡潔に説明しなさい。(10点)

(2) 資料中の➡は，ある自然現象の2019年7月〜8月のおもな経路を示したものである。大雨による洪水や高潮などの災害をもたらすこの自然現象を何というか，答えなさい。(5点)

重要
記述式
(3) 沖ノ鳥島は北小島と東小島からなる日本最南端の領土である。波の侵食で島が消失しないようコンクリートの護岸と金属のふたで島を保護している。この島が消失することで日本にどのような問題が発生するのか，「広大な」，「失う」という2つの語句を使って説明しなさい。(10点)〔福井・沖縄−改〕

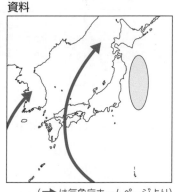

資料

(➡は気象庁ホームページより)

(1)		(2)
(3)		

2 右の略地図や資料を見て，各問いに答えなさい。(25点)

(1) 神奈川県と千葉県以外で，関東地方に位置する都県がいくつあるかを略地図を参考にして答えなさい。(5点)

記述式
(2) 地図中Aの県名を答えなさい。また，この県の冬の気候の特色を地形にからめて簡潔に説明しなさい。(各5点)

難問
(3) 右の資料は，略地図中の神奈川県，千葉県，福岡県，A県の人口や農業産出額，製造品出荷額を表している。このうち，福岡県を表しているものを，資料のア〜エから1つ選び，記号で答えなさい。(10点)〔青森−改〕

略地図

神奈川県　　千葉県

福岡県　　A県

資料

	人口(万人) (2018年)	農業産出額 (億円)(2017年)	製造品出荷額 (億円)(2017年)
ア	510.7	2,194	98,040
イ	625.5	4,700	121,895
ウ	108.7	3,524	17,102
エ	917.71	839	18,845

(2020年版「データでみる県勢」)

(1)		(2)	県名	気候	
(3)					

3 右の地図を見て，各問いに答えなさい。(50点)

資料1

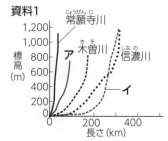

資料1（常願寺川，木曽川，信濃川，ア，イ，標高(m)，長さ(km)）

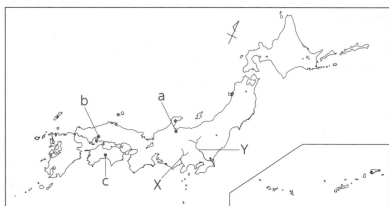

(1) 資料1は地図中Ｘ・Ｙの河川と3つの河川を表したものである。地図中Ｘの河川名を答え，Ｘの河川は資料1中**ア**と**イ**のどちらか，記号で答えなさい。(各5点)

(2) 資料2は，地図中ａ〜ｃのいずれかの都市の気温と降水量を示したものである。ａ〜ｃにあてはまるものを，資料2の**ア**〜**ウ**からそれぞれ選び，記号で答えなさい。(各10点)

資料2

図に示した都市	気温(℃)			降水量(mm)		
	1月	8月	年平均	1月	8月	全年
ア	6.3	27.5	17.0	59	283	2,548
イ	2.7	26.6	14.1	260	168	2,300
ウ	5.2	28.2	16.3	45	111	1,538

(2020年版「理科年表」)

(3) 日本では，河川の氾濫により生じる被害をできるだけ小さくするために，古くからさまざまな対策がなされてきた。右の資料3は，伝統的な堤防の1つである霞堤の模式図である。霞堤はどのような効果を期待してつくられたか，最も適切な説明を，次の**ア**〜**エ**から1つ選び，記号で答えなさい。(10点)

資料3

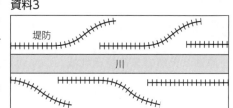

（堤防，川）

ア 川は左から右へ流れ，水位が上昇するとともに水をゆるやかに外側にあふれさせ，水位が下降すると水が川に戻る。

イ 川は左から右へ流れ，川の外側に降った雨水が集まって急激に川に流れこむ。

ウ 川は右から左へ流れ，水位が上昇すると徐々に水が外側にあふれ，水位が下降すると水が川に戻る。

エ 川は右から左へ流れ，川の外側に降った雨水が一度に川に流れこむのを防ぐ。

〔千葉・沖縄・お茶の水女子大附高−改〕

(1)	河川名		記号		(2)	a	b	c	(3)

ヒント

1 (3)海に囲まれた日本は，領海と排他的経済水域を合わせた面積が国土面積の10倍以上になる。

2 (3)千葉県は近郊農業や石油化学工業がさかん。

3 (1)河川Ｘは日本三大急流の1つ，河川Ｙは日本一流域面積が広い川。

14 日本の資源・エネルギー

重要点をつかもう

1 世界のエネルギー消費とその問題点

① **資源問題**　先進工業国は大量消費，近年は新興国の消費増大，化石燃料は有限→**再生可能エネルギー**の開発。

② **環境問題**　化石燃料の大量消費→**地球温暖化**などにつながる。

③ **資源の分布**　原油はペルシア（ペルシャ）湾岸国の産出が多い。また，先端技術産業に欠かせない**レアメタル**は分布にかたよりがある→産出国の輸出制限などが先進工業国に影響を与える。

④ **日本の資源**　種類は豊富だが量が少なく，外国からの輸入にたよっている。

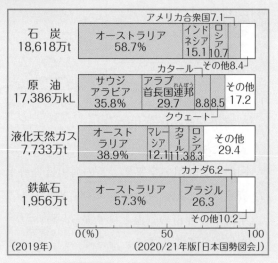

▲おもな資源の日本の輸入相手国

Step 1 基本問題

解答▶別冊11ページ

1 図解チェック⚡ 図の空所に適語を入れなさい。

原油と天然ガスの埋蔵地域 (2020年1月1日現在)

原油 2,676億kL

- ❶地域 47.7%
  - ❷ 15.9%（サウジアラビア）
  - イラン 9.2
  - イラク 8.6
  - アラブ首長国連邦 6.0
  - クウェート 5.8
  - その他中東 2.2
- ❸ 18.0
- カナダ 10.0
- その他 24.3

天然ガス 205兆m³

- ❶地域 39.2%
  - ❹ 16.5%
  - カタール 11.6
  - その他中東 6.7
  - サウジアラビア 4.4
- ❺ 23.3
- トルクメニスタン 4.8
- アメリカ合衆国 6.4
- その他 26.3

0(%) 10 20 30 40 50 60 70 80 90 100

(2020/21年版「日本国勢図会」)

❶ ［　　　］　❷ ［　　　］　❸ ［　　　］

❹ ［　　　］　❺ ［　　　］

Guide

くわしく エネルギー問題
　現在では石油がエネルギー資源として最も多く消費されている。しかし，地球環境などを考えると，CO_2の排出量の抑制が必要になるため，新エネルギーの研究・開発が進められている。

ことば 再生可能エネルギー
　エネルギー資源の多くを輸入している日本にとって，水力，風力，太陽光，地熱といった枯渇することなく，くり返し使用可能な再生可能エネルギーの導入と実用化が必要。持続可能な社会の実現に向けて日本だけでなく，世界でも導入が進んでいる。

2 [資源の利用] グラフを見て，各問いに答えなさい。

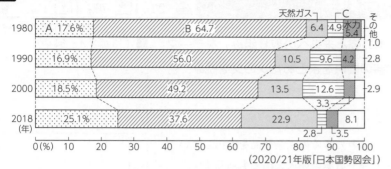

(2020/21年版「日本国勢図会」)

(1) 上のグラフは，日本のエネルギー供給の割合の変化を示している。A〜Cにあてはまる語句をそれぞれ答えなさい。

A[　　　　　　　] B[　　　　　　　]
C[　　　　　　　]

(2) 資源となるごみなどを再生して使うことを何といいますか。カタカナで答えなさい。 [　　　　　　　]

3 [資源・エネルギー] 次の各問いに答えなさい。

(1) 次のグラフは，サウジアラビア，ブラジル，フランス，日本の総発電量とその内訳を示したものである。グラフと国の組み合わせとして正しいものを，あとの**ア〜エ**から１つ選び，記号で答えなさい。 [　　　　　　　]

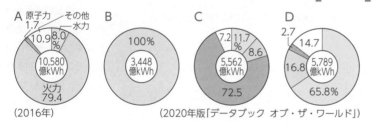

(2016年)　　　(2020年版「データブック オブ・ザ・ワールド」)

ア A—日本　C—ブラジル
イ B—ブラジル　C—フランス
ウ B—サウジアラビア
　　 D—日本
エ C—フランス
　　 D—ブラジル

(2) 右の略地図の●は発電所の位置を示したものである。この発電所の種類を答えなさい。

[　　　　　　　]

(2020年)

(2020/21年版「日本国勢図会」)

くわしく 資源ナショナリズム
発展途上国において，資源の開発と利用を自国のために用いようとする動き。ＯＰＥＣなどの協力機構をつくり，価格や生産量の調整を行って先進国の経済的支配に対抗している。

ことば ■鉱産資源
地下に埋蔵されている鉱物，資源となるものの総称。金属の原料となる鉄鉱石や銅鉱，エネルギー資源となる石炭・原油・天然ガスなどで，産地や埋蔵量にかたよりがある。

ことば 原子力発電
1970年代のオイルショック(石油危機)を機に石油への過度な依存が見直され，原子力発電が積極的に導入された。しかし，2011年の東日本大震災時におきた福島第一原子力発電所の事故以降，国内のほとんどの原子力発電所が停止状態である。

第1章 第2章 第3章 第4章

65

Step ② 標準問題

解答▶別冊11ページ

1 [日本のエネルギー]「日本の姿と未来への取り組み」をテーマに生徒が発表した発表内容の要点をまとめた次の文を読み，各問いに答えなさい。

> 『（　a　）な社会の実現をめざして』
> 　日本は高い工業技術をもち，優れた多くの工業製品を輸出しています。一方で，日本は $_b$エネルギー資源の輸入大国でもあります。現在， $_c$自然エネルギーを利用した，環境への影響が少ない新しいエネルギーの開発を積極的に進めています。

(1) 空所 a にあてはまることばとして最も適切なものを，次の**ア〜ウ**から1つ選び，記号で答えなさい。

　　ア 開発可能　　**イ** 持続可能　　**ウ** 発展可能

(2) 下線部 b について，右の表はあるエネルギー資源の日本のおもな輸入相手国とその割合を表したものである。この資源として正しいものを，次の**ア〜ウ**から1つ選び，記号で答えなさい。

　　ア 石　炭　　**イ** 原　油
　　ウ 液化天然ガス

（単位：％）

オーストラリア	58.7
インドネシア	15.1
ロシア	10.8
アメリカ合衆国	7.1
カナダ	5.5
その他	2.8

(2019年) (2020/21年版「日本国勢図会」)

(3) 下線部 c について，次の各問いに答えなさい。
　①家畜のふんや生ごみ，木材など，動植物から得られるエネルギーを利用して発電することを何というか，答えなさい。
　②次の表は，石炭，天然ガス，原子力，太陽光の発電方式について，それぞれの1kWhあたりの二酸化炭素排出量，1kWhあたりの発電コスト，供給安定性を示したものである。太陽光にあたるものを，表中の**ア〜エ**から1つ選び，記号で答えなさい。

発電方式	二酸化炭素排出量 (g/kWh)	発電コスト (円/kWh)	供給安定性
ア	38	29.4	低
イ	943	12.3	高
ウ	474	13.7	中
エ	19	10.1	高

(発電コスト検証ワーキンググループ資料など)

〔和歌山－改〕

1 (16点×4－64点)

(1)	
(2)	
(3)	①
	②

> **ワンポイント**
> (1) 将来の日本や世界のことを考えたエネルギー政策が必要になっている。
> (2) 原油は産地が中東地域にかたよっている。
> (3) ②原子力発電は二酸化炭素の排出量が少ない。エネルギー資源を原油に依存していた日本は，オイルショック（石油危機）後，原子力発電の導入を進めた。新エネルギーも二酸化炭素の排出量は少ないが，コスト面や供給面から実用化に課題がある。

2 [各国のエネルギー] 右の図や表を見て，各問いに答えなさい。

重要
(1) 図1中の**ア〜ウ**は，水力，火力，原子力のいずれかの発電量割合を示している。水力の発電量割合を示すものを，**ア〜ウ**から1つ選び，記号で答えなさい。

図1　発電エネルギー源別の発電量の割合

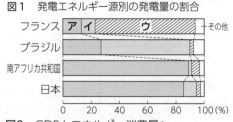

記述式
(2) 図2から読みとれる日本とフランスの共通点を，両国の経済状況と関連づけて答えなさい。

図2　GDPとエネルギー消費量*

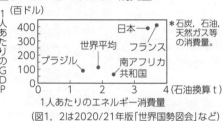

1人あたりのエネルギー消費量
*石炭，石油，天然ガス等の消費量。

(図1，2は2020/21年版「世界国勢図会」など)

記述式
(3) 表1は，ロシアと日本のエネルギー供給の割合を表している。日本と比べた，ロシアのエネルギー供給の割合の特徴を，表2を参考にして，「化石燃料」，「再生可能」という2つの語句を使って，「日本と比べて，ロシアは，」の書き出しに続けて答えなさい。

表1　ロシアと日本のエネルギー供給の割合(2017年)

	ロシア(%)	日本(%)
石炭	15.5	27.0
石油	21.0	40.7
天然ガス	53.0	23.4
原子力	7.3	2.0
水力	2.2	1.6
地熱・太陽光・風力など	0.0	1.8
バイオ燃料と廃棄物	1.1	3.5
その他	-0.1	0.0

(石油換算)　(2020/21年版「世界国勢図会」)

(4) 火力発電，原子力発電，太陽光発電のそれぞれの利点と欠点を表2のように整理する場合，表中の**B**，**E**にあてはまるものを，次の**ア〜カ**から1つずつ選び，記号で答えなさい。ただし，A〜Fには，**ア〜カ**が重複せず1つずつ入るものとする。

表2

	利点	欠点
火力発電	A	B
原子力発電	C	D
太陽光発電	E	F

ア 発電時に二酸化炭素を排出する。

イ 電力の需要量に合わせて発電量を調整しやすい。

ウ 資源が枯渇せず，発電時に二酸化炭素を排出しない。

エ 少ない燃料で多くのエネルギーを取り出すことができ，発電時に二酸化炭素を排出しない。

オ 事故の被害が大きく，発電後の廃棄物の処理にも課題がある。

カ 電力の供給が自然条件に左右され，現在の技術では発電などにかかる費用が高い。

〔秋田・福島・奈良−改〕

2 ((1)・(4) 4点×3
他12点×2－36点)

(1)

(2)

(3) (日本と比べて，ロシアは，)

(4)　B　　E

ワンポイント

(2) GDPは「国内総生産」の略称で，国内の経済活動の規模を示す指標である。

(3) 化石燃料を使った発電は火力発電，再生可能エネルギーによる発電は地熱・太陽光・風力とバイオ燃料・廃棄物である。

15 日本の産業

重要点をつかもう

1 日本の工業の歴史

1940年代までは繊維工業中心だったが，戦後，臨海工業地域で重化学工業が発展した。その後，各地で公害問題がおきた。

2 日本の産業

① **農業** 農家の高齢化，耕作放棄地の増加，農産物の貿易自由化→安価な外国産を大量に輸入→農家への打撃。

② **工業** 各国との貿易摩擦→産業の転換，外国人労働者の受け入れ，生産拠点の海外移転による**産業の空洞化**。

③ **さまざまな産業** 通信販売，インターネットを使った商業が発達。

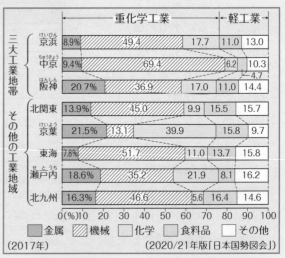

		重化学工業			軽工業	
三大工業地帯	京浜	8.9%	49.4	17.7	11.0	13.0
	中京	9.4%	69.4		6.2	10.3
	阪神	20.7%	36.9	17.0	11.0	14.4
その他の工業地域	北関東	13.9%	45.0	9.9	15.5	15.7
	京葉	21.5%	13.1	39.9	15.8	9.7
	東海	7.8%	51.7	11.0	13.7	15.8
	瀬戸内	18.6%	35.2	21.9	8.1	16.2
	北九州	16.3%	46.6	5.6	16.4	14.6

0(%) 10 20 30 40 50 60 70 80 90 100

■金属 ▨機械 □化学 ■食料品 □その他

(2017年)　　(2020/21年版「日本国勢図会」)

▲おもな工業地帯・工業地域の産業別出荷額割合

Step 1 基本問題

解答▶別冊12ページ

1 図解チェック 地図の空所に適語を入れなさい。

輸送機械の割合が高い
❶　　　工業地帯

金属工業の割合が高い
❷　　　工業地帯

地位が低下
❸　　　工業地域

北陸工業地帯

北関東工業地域

印刷業がさかん
❹　　　工業地帯

京葉工業地域

東海工業地域

石油化学コンビナートが発達
❺　　　工業地域

日本の工業・経済の中心
❻

Guide

ことば 重化学工業
比較的重量のあるものを製造する工業を指す。金属・機械などの重工業と化学工業を合わせたことばである。

くわしく 太平洋ベルト
1950年代半ば以降，重化学工業を中心に工場建設が進み，日本の工業の中心地帯となっているが，人口・産業などが集中し，都市問題・環境問題がおこっている。

データ 日本のおもな食料自給率

	1960年	2018年
米	102%	97%
小麦	39	12
大豆	28	6
野菜	100	77
肉類	91	51

(2020/21年版「日本国勢図会」)

2 [日本の産業] 次の各問いに答えなさい。

記述式

✏ (1) 日本の工業地帯・地域は，太平洋沿岸部に集中している。その理由を「原料」「工業製品」の2つの語句を使って説明しなさい。

[　　　　　　　　　　　　　　　　　　　　　]

(2) 安価な外国産の農作物におされ，日本の（　　）率は低下している。空所にあてはまる語句を漢字4字で答えなさい。

[　　　　　　　　　]

(3) 大都市の近くで，鮮度(せんど)が求められる作物をおもに生産する農業を何というか，答えなさい。[　　　　　　　　　]

(4) 高知平野などでさかんな，ビニールハウスなどの施設(しせつ)を使い，農作物の育成を早める栽培(さいばい)方法を何というか，答えなさい。

[　　　　　　　　　]

(5) 排他的経済水域の設定により，日本では近年水揚げ量が減少している。そのため，日本の漁業は「とる漁業」から「（　　）漁業」へ転換しつつある。空所にあてはまる語句を答えなさい。

[　　　　　　　　　]

(6) 卵を人工的にふ化させて，稚魚(ちぎょ)まで育てた後，放流し，成魚をとる漁業を何というか，答えなさい。[　　　　　　　　　]

3 [日本の工業] 次の各問いに答えなさい。

(1) 日本の製造品出荷額等構成の推移(すいい)を表した右のグラフ中の**ア〜エ**は，化学，機械，金属，食料品のいずれかの工業である。機械工業にあたるものを，**ア〜エ**から選び，記号で答えなさい。[　　　　　]

日本の製造品出荷額等構成の推移

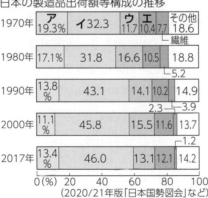

	ア	イ	ウ	エ	その他
1970年	19.3%	32.3	11.7	10.4 7.7 繊維	18.6
1980年	17.1%	31.8	16.6	10.5 5.2	18.8
1990年	13.8%	43.1	14.1	10.2 2.3 3.9	14.9
2000年	11.1%	45.8	15.5	11.6	13.7
2017年	13.4%	46.0	13.1	12.1 1.2	14.2

0(%) 20 40 60 80 100
(2020/21年版「日本国勢図会」など)

(2) 次の文の空所にあてはまる語句を答えなさい。

日本の企業(きぎょう)は，1980年代以降，（　①　）をさけるために欧米(おうべい)諸国に工場を移したり，安い労働力や市場を求めてアジア諸国に進出したりしてきた。その結果，国内の製造業が衰退(すいたい)し，（　②　）という現象がおきた。

①[　　　　　　　]　②[　　　　　　　]

〔帝塚山学院泉ヶ丘高－改〕

ことば　抑制栽培(よくせい)

農産物は多く出回る時期を外して出荷すると，高い価格で売れる。高冷地などでは，夏の涼(すず)しい気候を生かし，出荷時期が遅(おく)れるように農作物を栽培している。これを抑制栽培という。

くわしく　施設園芸農業

野菜や花などをビニールハウスや温室などの施設を使って，都市向けに栽培を行う農業のことを施設園芸農業という。

注意　養殖漁業(ようしょく)と栽培漁業

養殖漁業は，囲(かこ)いをした海や池で人工的に育てた魚類や貝類を，大きくなると出荷する漁業。一方，栽培漁業は，魚類や貝類を卵からふ化させ，ある程度の大きさまで育てたあと海や川に放して，より自然な形で漁業資源を増(ふ)やしてから漁業を行うこと。

ことば　地産地消

地元で生産された農林水産物を地元で消費すること。

ことば　6次産業

農業や漁業などの第1次産業の生産者自身が，製品への加工(第2次産業)，製品(商品)の流通・販売(第3次産業)まで総合的に手がけること。農産物・水産物を加工した商品を消費者に直接販売したり，レストランで食事を提供したりとさまざまな形がある。また，6次産業化に取り組むことによる農村や漁村の活性化も期待されている。

Step 2 標準問題

解答▶別冊12ページ

1 [日本の産業] 右の略地図を見て，各問いに答えなさい。

(1) 略地図に示した茨城県，山口県，愛媛県，三重県について，資料1は，面積，野菜の産出額，果実の産出額，化学工業の製造品出荷額を示したものである。資料1のA〜Cにあてはまる県名をそれぞれ答えなさい。

(2) 略地図に示した鹿児島県の農業について述べた文として最も適当なものを，次のア〜ウから1つ選び，記号で答えなさい。

資料1　(＊のみ2018年，ほか2017年)

県	面積＊ (km²)	野菜の産出額(億円)	果実の産出額(億円)	化学工業の製造品出荷額(億円)
A	5,676	206	537	3,125
B	6,113	154	48	18,752
C	6,097	2,071	133	16,032
三重県	5,774	141	67	11,890

(2020年版「データでみる県勢」)

ア 飼育頭数全国1位の豚をはじめ，鶏や肉牛の飼育がさかんであり，茶の生産量も全国有数である。

イ 日本最大級の砂丘が広がり，なしやメロン，らっきょうなどの栽培がさかんである。

ウ 施設園芸農業がさかんで，夜間に照明を当てて生長を遅らせる方法で，菊の生産量は全国1位になっている。

重要 (3) 略地図に示した三陸海岸の沖では漁業がさかんである。資料2のア〜エは，遠洋漁業，沖合漁業，沿岸漁業，養殖漁業のいずれかである。養殖漁業にあてはまるものを1つ選び，記号で答えなさい。

資料2　日本の漁業種類別漁獲量

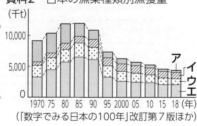

(「数字でみる日本の100年」改訂第7版ほか)

記述式 (4) 1985年から1995年まで，資料2に示した日本の漁獲量は減っているのに対して，資料3に示した1人あたりの魚介類消費量が減少していないのはなぜか。資料3から読みとれることをもとに答えなさい。

〔三重-改〕

資料3　日本の1人あたりの魚介類消費量と日本の魚介類の自給率

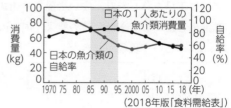

(2018年版「食料需給表」)

1 (8点×6－48点)

(1)	A
	B
	C
(2)	
(3)	
(4)	

ワンポイント

(1)茨城県は近郊農業，山口県は石油化学コンビナート，愛媛県はみかんなどのかんきつ類栽培に特色がある。

(4)1895年から1995年まで魚介類の消費量はほぼ変化せず，自給率は減っている。自給率が減っているということは，何かが増えていることを示している。

2 [日本の工業・農業] 次の各問いに答えなさい。

(1) 関東地方の工業地域は東京都，神奈川県の臨海部から栃木県，群馬県，埼玉県へと広がった。その理由として次のⅠ群にあげたことが考えられる。これを調べるときにⅡ群に示した**ア〜エ**の資料で必要としないものを1つ選び，記号で答えなさい。

〈Ⅰ群〉 ○安い土地が豊富にあったから。
　　　　○内陸交通が発達したから。

〈Ⅱ群〉 **ア** 栃木県，群馬県，埼玉県の工業団地周辺の土地利用の変化

　　　　イ 各都県の土地の平均価格の変化

　　　　ウ 各都県の産業別就業者の割合の変化

　　　　エ 関東地方の高速道路，鉄道の整備状況の変化

重要 (2) 次のグラフは京浜工業地帯，中京工業地帯，北関東工業地域，京葉工業地域の製造品出荷額等の割合を示したものである。A〜Dが表す工業地帯・地域名をそれぞれ答えなさい。

A	金属 9.4%	機械 69.4	化学 6.2	4.7		その他 9.5

食料品　繊維0.8

B	13.9%	45.0	9.9	15.5	15.1

0.6

C	8.9%	49.4	17.7	11.0	12.6

0.4

D	21.5%	13.1	39.9	15.8	9.5

0.2

0(%) 10 20 30 40 50 60 70 80 90 100
(2020/21年版「日本国勢図会」)

記述式 (3) 次の**ア〜ウ**の地図は，中部地方と関東地方の都県のうち，2017年の米，野菜，果実の産出額が47都道府県で10位以内に入る県を示している。野菜にあたる地図を1つ選び，記号で答えなさい。また，その地図の上位10県に入る県の分布の特色を，「消費地」という語句を使って説明しなさい。

ア　　　　　　　　イ　　　　　　　　ウ

※図に　　で示した県は，それぞれ産物において上位10位に入る県。
(2020年版「データでみる県勢」)

〔富山－改〕

2 (3)6点×2
他8点×5－52点

(1)	
(2)	A
	B
	C
	D
(3)	記号
	特色

ワンポイント

(2) 各工業地帯・地域の特色を考える。中京工業地帯には自動車で有名な豊田市がある。北関東工業地域は内陸なので資源を輸入する港がない。京葉工業地域には大規模な石油化学コンビナートを有する市原市がある。

(3) 米の生産は北海道や東北・北陸地方でさかん。野菜は鮮度を保ったまま消費地まで輸送する必要がある。果実は水はけのよい土地を好むため，山のふもとにできる扇状地が果樹園に利用されることが多い。

16 日本の貿易・交通・通信網

🎯 重要点をつかもう

1 交通・通信による世界との結びつき

航空交通は長距離移動の旅客が中心，海上交通は貨物輸送が中心，通信は海底ケーブル→**通信衛星**へ。

2 日本の交通・通信網

高速道路網の整備によって，各地域の結びつきが強くなる。過疎地域→**インターネット**などの通信網を利用する。

3 貿易による結びつき

① **世界の貿易**　工業製品の輸出が多い先進工業国，資源・食料の輸出が多い発展途上国。

② **日本の貿易**　**加工貿易**→相互に依存し合う貿易への転換。

③ **貿易摩擦**　貿易上の2国間の対立。

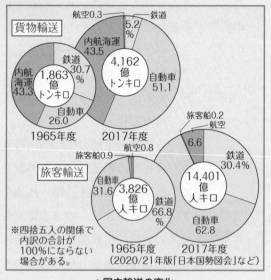

【貨物輸送】

1965年度
1,863億トンキロ
内航海運 43.3
鉄道 30.7%
自動車 26.0

2017年度
4,162億トンキロ
航空 0.3
鉄道 5.2%
内航海運 43.5
自動車 51.1

【旅客輸送】

1965年度
3,826億人キロ
航空 0.8
旅客船 0.9
自動車 31.6
鉄道 66.8%

2017年度
14,401億人キロ
旅客船 0.2
航空 6.6
鉄道 30.4%
自動車 62.8

※四捨五入の関係で内訳の合計が100%にならない場合がある。

(2020/21年版「日本国勢図会」など)

▲国内輸送の変化

Step 1 基本問題

解答▶別冊12ページ

1 図解チェック⚡ 地図の空所に適語を入れなさい。

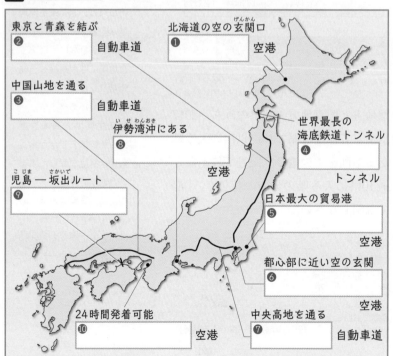

東京と青森を結ぶ
❷　　　自動車道

中国山地を通る
❸　　　自動車道

北海道の空の玄関口
❶　　　空港

伊勢湾沖にある
❽　　　空港

世界最長の海底鉄道トンネル
❹　　　トンネル

児島 ― 坂出ルート
❾

日本最大の貿易港
❺　　　空港

24時間発着可能
❿　　　空港

都心部に近い空の玄関
❻　　　空港

中央高地を通る
❼　　　自動車道

Guide

⚠ **注意** 航空交通

航空交通は旅客中心であるが，近年では重量が軽く高価な集積回路（ＩＣ）や，新鮮さが要求される生鮮食料品なども航空貨物として運ばれている。

🎓 **くわしく** モーダルシフト

国内の貨物輸送をトラック輸送からトラックと船・鉄道とを組み合わせた輸送に転換することをいう。モーダルシフトにより，①二酸化炭素の排出量が減る，②交通渋滞がおさえられる，③ガソリンなどエネルギー消費量を節約できる，④輸送費用が安くなる，などの利点がある。

2 [日本と世界の輸送] 次のグラフについて述べた下の文の空所にあてはまる輸送機関名をそれぞれ答えなさい。

A[　　　　　] B[　　　　　] C[　　　　　]

おもな国の輸送機別国内輸送量の割合

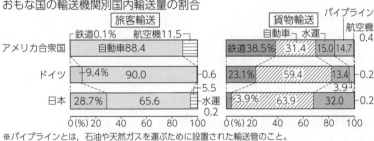

※パイプラインとは，石油や天然ガスを運ぶために設置された輸送管のこと。
(2009年)　　　　　　　　　　　　　　(2020年版「データブック オブ・ザ・ワールド」)

　旅客輸送では，アメリカ合衆国の　A　の割合は，ドイツや日本よりも高い。日本とドイツでは，旅客輸送・貨物輸送ともに　B　の利用が最も多いが，アメリカ合衆国では貨物輸送で　C　が最も多くなっている。

〔静岡－改〕

3 [日本の貿易] 次のグラフを見て，各問いに答えなさい。

わが国の輸出品の割合の推移

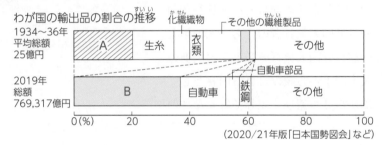

(2020/21年版「日本国勢図会」など)

(1) 次の文の　A　，　B　と，上のグラフ中のA，Bは，同一の輸出品である。A，Bにあてはまる輸出品名を答えなさい。

A[　　　　　] B[　　　　　]

　近年のわが国の貿易における輸出の特色の1つは，第二次世界大戦前に輸出品の首位を占めていた　A　をはじめとする繊維製品が大きく後退し，かわって　B　や鉄鋼・自動車などが著しく増大してきたことである。

(2) (1)のように貿易構造が変化したわけを説明した次の文の　C　，　D　にあてはまる語句を答えなさい。

C[　　　　　] D[　　　　　]

　第二次世界大戦前は繊維など　C　工業が中心であったが，戦後は　D　工業が発展したから。

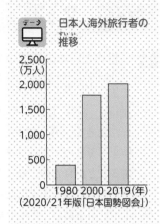

日本人海外旅行者の推移

(2020/21年版「日本国勢図会」)

くわしく　日本の貿易
　輸出・輸入ともに機械類が最も多い。1981年から30年間貿易黒字が続いていたが，東日本大震災がおきた2011年から2015年までは貿易赤字となった。2016年以降は，再び黒字に転じている。

ことば　TPP
　環太平洋経済連携協定の略で，太平洋をとり囲む国々が貿易や投資を自由化するための取り決め。2017年にアメリカ合衆国が交渉から離脱したが，日本など残りの11か国が協定を取りまとめ，2019年1月に発効した。

Step ② 標準問題

時間 25分　合格点 70点　得点 点

解答▶別冊13ページ

1 [世界と日本の結びつき] 次の文を読んで，各問いに答えなさい。

1 （13点×6－78点）

> 　今日の世界では，交通・通信手段の発達などにより，ₓ人，もの（商品），お金，情報などが国境をこえて大量に移動している。こうした動きを＿Ａ＿化という。経済面では，日本の企業が新しい市場などを求めて海外に進出したり，外国の企業が日本に進出したりすることが日常的になっている。また，ᵧ国家間の貿易でも新しい動きが見られるようになった。例えば，二国間以上で自由貿易協定（＿Ｂ＿）を結び，関税や規制を減らし，経済の相互関係を強化することなどがあげられる。

(1)	
(2)	
(3)	①
	②
(4)	

(1) 文中の空所にあてはまることばの組み合わせとして，最も適当なものを，次のア～エから１つ選び，記号で答えなさい。なお，（＿Ｂ＿）には自由貿易協定の略称があてはまる。

ア Ａ―情報　Ｂ―FTA　　イ Ａ―情報　Ｂ―SNS
ウ Ａ―国際　Ｂ―FTA　　エ Ａ―国際　Ｂ―SNS

ワンポイント
(1) Ａグローバル化ともいう。パソコンや携帯電話の普及でインターネットの利用者が急増し，国境をこえた情報交換や商品取引が可能になった。

(2) 下線部Ｘについて，次の表は1983年からの訪日外国人旅行者の推移を，図１は表で表した訪日外国人旅行者のうち，2003年と2018年におけるアジアからの訪日外国人旅行者数とその国別の割合を示したものである。表・図１から読みとれる内容として正しいものを，あとのア～エから２つ選び，記号で答えなさい。

表　訪日外国人旅行者数の推移

年	1983	1988	1993
旅行者数	197	236	341
年	1998	2003	2008
旅行者数	411	521	835
年	2013	2018	
旅行者数	1,036	3,119	

注　旅行者数の単位：万人

図1　アジアからの訪日外国人旅行者数の国別の割合

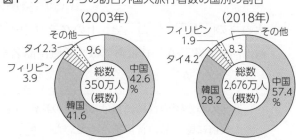

（表，図1ともに日本政府観光局〈JNTO〉資料）

ア　2018年のアジア以外の地域からの訪日外国人旅行者数は，400万人を下回っている。

イ　2018年の訪日外国人旅行者数は，1993年の訪日外国人旅行者数の５倍を上回っている。

ウ　2018年の中国からの訪日外国人旅行者数は，2018年の訪日外国人旅行者数の50％以上を占めている。

エ 2018年の韓国からの訪日外国人旅行者数は，2003年の韓国からの訪日外国人旅行者数より増加している。

(3) 下線部Yについて，右の図2中A〜Eは，カナダ，アメリカ合衆国，中国，オーストラリア，インドの5か国のいずれかの貿易額を示している。図2を見て，次の各問いに答えなさい。

① 貿易収支の赤字が最も大きい国をA〜Eから1つ選び，記号で答えなさい。

② 貿易摩擦を解決するために輸入を増やすことを，貿易相手国から強く求められる国はどこか，A〜Eから1つ選び，記号で答えなさい。

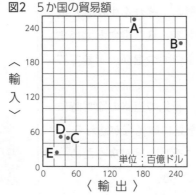

図2 5か国の貿易額

(2018年)（2020/21年版「日本国勢図会」）

(4) ICT（情報通信技術）産業がさかんな日本では航空輸送の果たす役割が重要になっている。世界の人やものの移動の拠点となるような空港を何というか，答えなさい。　〔岡山・大阪・滋賀−改〕

2 ［日本の運輸・交通］地図を見て，各問いに答えなさい。

(1) 右の地図は，新幹線の路線を表したものである。開業が最も新しいものを，地図のア〜エから1つ選び，記号で答えなさい。

記述式
(2) 本州四国連絡橋は，昭和63年に児島—坂出ルート，平成10年に神戸—鳴門ルート，平成11年に尾道—今治ルートが開通した。右の表は，四国と中国・京阪神方面間の交通機関別の利用者数と，

—・—新幹線の路線
（2020年現在）

交通機関 年度	鉄道 (万人)	高速バス (万人)	航空機 (万人)	船舶 (万人)	自動車 (万人)
平成10年度	947	176	203	708	833
平成18年度	800	445	120	412	980
平成28年度	789	452	92	187	1,454

（四国運輸局「四国地方における運輸の動き30年」）

三つの連絡橋における自動車の通行台数を示したものである。表から読みとれる平成10年以降における交通機関の利用の変化について，答えなさい。　〔国立高専・熊本−改〕

ワンポイント

(3)① 貿易収支とは輸入額と輸出額との差である。輸入額が輸出額より多い状態を貿易赤字，逆の状態を貿易黒字という。
② 輸入を増やすことを要求されるのは，貿易黒字の大きい国である。

2 （11点×2−22点）

(1)	
(2)	

ワンポイント

(1) 2016年，東北新幹線の終点である新青森〜新函館北斗間に新しい新幹線ルートが開業した。

(2) どの交通機関の利用が増え，どの交通機関の利用が減ったかをとらえる。

Step 3 実力問題③

【 月 日】

時間 30分 　合格点 70点 　得点 点

解答▶別冊13ページ

1 次の各問いに答えなさい。（40点）

難問 (1) 右の図は，地形の起伏を陰影で示した地図である。次の文ア〜エは，図中のA〜Dのいずれかの地域の自然環境の特徴と，それを生かした取り組みを記したものである。BとCにあてはまるものを，ア〜エから1つずつ選び，記号で答えなさい。（10点）

ア 山間の豪雪地帯で，春先の道路の除雪時に生まれる雪の回廊を見に観光客が訪れる。

イ 年間を通じて発電に適した風が吹くため，風力発電が行われている。

ウ 北西からの強風で積雪が舞い上がる地吹雪を体験できるツアーが有名である。

エ A〜D中で冬の日照時間が最も長く，東北電力初の大規模太陽光発電所が開設された。

重要 (2) 本州と北海道を鉄道で結ぶトンネルが使用されはじめて，2018年で30年を迎えた。このトンネルを何というか，答えなさい。（10点）

(3) 表1は，各道県の製造品出荷額等の割合の上位3産業分類と，それぞれの製造品出荷額等の合計を示したものである（2017年）。表1中のア〜エは青森県，静岡県，千葉県，北海道のいずれかである。青森県と千葉県にあてはまるものを，ア〜エから1つずつ選び，記号で答えなさい。（10点）

表1

	ア	イ	ウ	エ
1位	石油・石炭製品 20.8%	食料品 35.3%	輸送用機械* 25.6%	食料品 19.4%
2位	化学 19.1%	石油・石炭製品 14.8%	電気機械 13.1%	電子部品 18.9%
3位	鉄鋼 13.8%	パルプ・紙 6.4%	化学 10.8%	非鉄金属 18.1%
総額	121,895億円	62,126億円	169,119億円	19,361億円

＊自動車，鉄道車両，船舶など　（2020年版「データでみる県勢」）

難問 (4) 表2は，4つの県と全国の，カロリーベースと生産額ベースの食料自給率をそれぞれ示したものである（2018年度）。表2中のア〜ウは青森県，新潟県，宮崎県のいずれかであり，残る1つは山梨県である。青森県と新潟県にあてはまるものを，ア〜ウから1つずつ選び，記号で答えなさい。（10点）

表2 (%)

	ア	イ	ウ	山梨県	全国
カロリーベース	120	107	64	19	37
生産額ベース	238	108	281	87	66

（農林水産省資料）

〔筑波大学附高−改〕

(1)	B	C	(2)	
(3)	青森県	千葉県	(4) 青森県	新潟県

2 日本の産業について，次の各問いに答えなさい。(60点)

重要 記述式

(1) 地図1は，水力発電所と火力発電所の分布を比較し，▲の火力発電所の立地条件を次の2つの点からまとめたものである。文中の空所に入る内容を，その理由も含めて簡潔に説明しなさい。(20点)

- 電力需要が多い工業地域や大都市の近くに立地している。
- (　　　　　　)に立地している。

地図1　おもな発電所の分布(一部)

● 水力発電所
▲ 火力発電所

千葉県
愛知県　神奈川県

※水力は最大出力15万kW以上，火力は最大出力200万kW以上。
(2019年)　(2020/21年版「日本国勢図会」)

(2) 発電所と工業の関係を調べるため，ある統計資料の1950年と現在のものとを比較すると，地図1中の愛知県の工業が繊維工業から自動車工業などの機械工業へと特色が変化していることがわかった。このとき，それがわかる統計資料として最も適切なものを，次のア～ウから1つ選び，記号で答えなさい。(10点)

ア 第二次産業就業者数　　**イ** 工業用地面積　　**ウ** 品目別工業生産額

重要 記述式

(3) 地図1中の神奈川県にある横浜港と千葉県にある成田国際空港について，資料1はその輸出総額と輸出品の上位を表している。成田国際空港にあたるものを，ア・イから選び，記号で答えなさい。また，選んだ理由も簡潔に説明しなさい。(各10点)

重要

(4) 資料2は，こんぶ類，かき類，りんご，乳用牛のいずれかの生産量・飼育頭数の上位道県とその割合を表したものである。乳用牛を表しているものを，ア～エから1つ選び，記号で答えなさい。(10点)

資料1　2つの港の輸出総額とおもな輸出品

	ア	イ
	105,256億円	69,461億円
	①半導体等製造装置	①自動車
	②科学光学機器	②自動車部品
	③金(非貨幣用)	③内燃機関
	④電気回路用品	④プラスチック

(2019年)　(2020/21年版「日本国勢図会」)

資料2

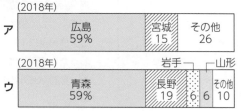

ア (2018年)
| 広島 59% | 宮城 15 | その他 26 |

イ (2019年)　栃木4　岩手3
| 北海道 60% | | | その他 30 |
熊本3

ウ (2018年)　岩手　山形
| 青森 59% | 長野 19 | 6 | 6 | その他 10 |

エ (2018年)　その他3
| 北海道 73% | 岩手 24 |

(2020/21年版「日本国勢図会」)

〔宮崎・岩手一改〕

(1)			(2)
(3)	記号	理由	(4)

ヒント

1 (1)雪が多く降るのは，主に日本海側である。

2 (1)発電に必要な原料をどのようにして輸入しているか考える。
(3)船舶は重量のある貨物の大量輸送に，航空機は高価で軽量な貨物の輸送に向いている。

17 九州地方

⟨◎⟩ 重要点をつかもう

1 都市の発展と歴史

大陸への玄関口，文化交流の場として栄える。
→福岡，長崎など。

2 産業による地域づくり

① **北九州** 北九州工業地域(明治時代の官営八幡製鉄所)→鉄鋼業→現在では**エコタウン**が形成。筑紫平野(米と麦類の二毛作，人工水路のクリーク)，有明海の干拓。

② **南九州** シラス台地(畑作，有数の畜産地帯→肉牛・豚・にわとり)，宮崎平野(きゅうり，ピーマンなど野菜の**促成栽培**)。かつて**水俣病**が発生。九州全域にＩＣ工業が発展。

3 南西諸島

亜熱帯の気候，さんご礁の広がる海，沖縄→観光業がさかん。

▲九州地方の自然

Step ① 基本問題

解答▶別冊13ページ

1 図解チェック⚡ 地図の空所に適語を入れなさい。

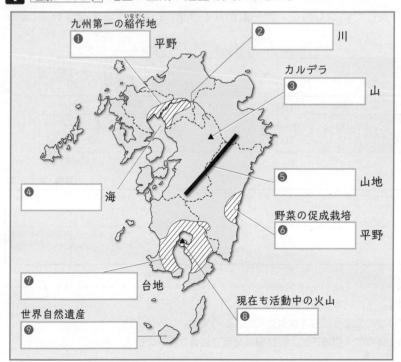

九州第一の稲作地
❶ ____ 平野
❷ ____ 川
カルデラ
❸ ____ 山
❹ ____ 海
❺ ____ 山地
野菜の促成栽培
❻ ____ 平野
❼ ____ 台地
現在も活動中の火山
❽ ____
世界自然遺産
❾ ____

Guide

九州の歴史

古代において，大宰府(福岡県)は政治・外交や軍事拠点として栄え，16世紀には，鹿児島にキリスト教が伝わった。江戸時代の鎖国中には，長崎が海外との窓口になっていた。

水俣病

四大公害病のうちの1つであり，熊本県水俣市で発生した。原因はチッソ(当時は新日本窒素)の工場が出した廃水の中に含まれていた有機水銀であった。

2 [九州の各県] 右の地図を見て，各問いに答えなさい。

(1) 1901年に開業し，北九州工業地域の発展のもとになった官営の製鉄所を何というか，答えなさい。また，その製鉄所がある県を，地図の**A〜G**から1つ選び，記号で答えなさい。
[　　　　　][　　　]

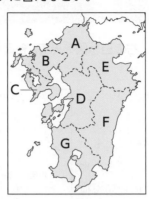

(2) 冬でも温暖な気候を利用した野菜の促成栽培がさかんな平野名を答えなさい。また，その平野がある県を，**A〜G**から1つ選び，記号で答えなさい。
[　　　　　][　　　]

(3) 世界最大級のカルデラで有名な火山名を答えなさい。また，その火山がある県を，**A〜G**から1つ選び，記号で答えなさい。
[　　　　　][　　　]

(4) 地図に表されていない，観光業がさかんな九州地方に属する県名を答えなさい。
[　　　　　]

3 [九州の産業] 右の地図を見て，各問いに答えなさい。

(1) 地図の**ア〜エ**の工業都市の中で，造船業がさかんな都市を1つ選び，記号で答えなさい。
[　　　]

(2) 地図の★の工業都市とその周辺で1953年ごろから公害病が発生した。この都市名を答えなさい。
[　　　]

(3) 九州地方がシリコンアイランドと呼ばれるのは，何の工場が多く進出してきたからか，答えなさい。
[　　　　　]

(4) 右のグラフは，ある家畜の県別飼育頭数割合を示したものである。その家畜を，次の**ア〜エ**から1つ選び，記号で答えなさい。

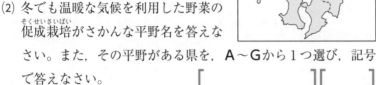

鹿児島	宮崎	北海道	千葉	群馬6.9	その他 55.9
13.9%	9.1	7.6	6.6		

(2019年)　(2020/21年版「日本国勢図会」)

[　　　]

ア 肉牛　**イ** 馬　**ウ** 羊　**エ** 豚

注意　**九州地方の世界遺産**
鹿児島県大隅諸島に属する屋久島は，樹齢千年以上の屋久杉自然林があり，**世界自然遺産**に登録されている。また，琉球王国のグスク及び関連遺産群(沖縄県)は世界文化遺産に登録されている。2015年，「明治日本の産業革命遺産」として長崎県の端島炭坑(軍艦島)などが，2017年には福岡県の宗像大社などが，2018年には長崎・天草地方の潜伏キリシタン関連遺産が世界文化遺産に登録された。

ことば　**シリコンアイランド**
九州地方では，電子工業がさかんになり，アメリカ合衆国のシリコンバレーにならってシリコンアイランドと呼ばれるようになった。

くわしく　**北九州の工業**
北九州工業地域のほか，長崎・佐世保の造船，大牟田の化学，久留米のゴム，有田の陶磁器，大分の鉄鋼・石油化学などがある。

くわしく　**促成栽培**
ビニールハウスなどの設備や，温暖な気候を利用し，農作物の生育を早める栽培方法。出荷時期を他の地域とずらすことができ，消費地から遠く輸送費が高くつく地域で行われることが多い。

Step 2 標準問題

解答▶別冊14ページ

1 [九州地方の自然・都市] 右の略地図を見て, 各問いに答えなさい。

(1) 略地図中の ⬭ の地域について, 次の各問いに答えなさい。

重要 ①この地域には, 火山活動にともなう噴出物が積み重なってできた地層が広がっている。この地層を何というか, 答えなさい。

②この地域でさかんな農業について述べた文として最も適切なものを, 次のア〜エから1つ選び, 記号で答えなさい。

ア 平野を中心に稲作がさかんである。

イ きゅうりやピーマンなどをビニールハウスで栽培する促成栽培がさかんである。

ウ さとうきびやパイナップル, 花などの生産がさかんである。

エ 畑作や肉牛, 豚などを飼育する畜産がさかんである。

(2) 略地図中の水俣市について, 次の各問いに答えなさい。

①水俣市では, 1950年代から1960年代にかけて, 化学工業の発展とともに公害が発生して大きな被害が出た。この公害の分類として最も適切なものを, 次のア〜エから1つ選び, 記号で答えなさい。

ア 土壌汚染　イ 水質汚濁　ウ 大気汚染　エ 地盤沈下

②水俣市は公害を克服し, 先進的な環境政策に取り組んできた。水俣市など, 環境問題の解決を目指す先進的な取り組みや複数の基準を満たし, 2008年から2014年にかけて国に選定された都市を何というか, 答えなさい。

記述式 (3) 右の資料は, 略地図中の福岡市の公園の地下につくられた防災施設である。この施設がつくられた目的について述べた次の文中の □ に入る適切な内容を, 施設の機能と防ぎたい自然災害にふれて, 答えなさい。

> 大雨が降ったときに, □□□□□□□□□□ ための施設としてつくられた。

〔青森－改〕

1 (10点×5−50点)

(1)	①	
	②	
(2)	①	
	②	
(3)		

ワンポイント

(1)②火山の噴出物でできた土壌なので, 水持ちが悪く, 稲作には適さない。

(2)①化学工場が垂れ流した廃水に含まれていた有機水銀が原因物質であった。

(3)大雨が降ったときにどのような自然災害がおこるか考える。

(写真：福岡市提供)

2 [九州地方の産業] 右の略地図を見て，各問いに答えなさい。

(1) 略地図中の **X** の矢印は，赤道付近から北上し，九州地方の東を流れる海流を示しています。**X** で示される海流を何というか，答えなさい。

略地図

(2) 次の資料は，略地図中の **P 〜 S** の県における，人口や野菜の産出額などについてまとめたものである。**A 〜 D** は，**P 〜 S** の県のいずれかである。**A** にあたる県を，**P 〜 S** から1つ選び，記号で答えなさい。

	人口(千人)	野菜の産出額 (億円)	畜産の産出額 (億円)	海面漁業 漁獲量(t)
A	1,614	657	3,162	75,227
B	5,107	794	392	25,600
C	1,341	525	554	317,069
D	1,757	1,247	1,147	17,952

(2020年版「データでみる県勢」)

(3) 略地図中の大分県の南東部には，もともと山地の谷であった部分に，海水が入りこんでできた，小さな岬と湾がくり返す入り組んだ海岸が見られる。このような海岸を何というか，答えなさい。

記述式 (4) 略地図中の佐賀県では二毛作がさかんに行われている。次の資料は，佐賀県内の，ある耕地について調べたときにまとめたメモの一部である。二毛作とは農作物をどのように栽培する方法か，メモをふまえて答えなさい。

資料 同じ耕地における1年間の利用状況

```
|      |←  麦  →|←───────  米  ───────→|←────  麦  ────→|      |
 4    5    6    7    8    9    10   11   12   1    2    3(月)
```
(農林水産省ホームページ)

重要 (5) 右の **ア〜エ** の製造品出荷額割合のグラフは，北九州，瀬戸内，阪神，中京の4つの工業地帯・地域のいずれかのものである。北九州工業地域にあたるものを，**ア〜エ** から1つ選び，記号で答えなさい。

〔山形 − 改〕

総額57.8兆円　　　　　　　　食料品4.7┐

ア　金属 9.4% ／ 機械 69.4 ／ 化学6.2 ／ その他 10.3

総額30.7兆円

イ　金属 18.6% ／ 機械 35.2 ／ 化学 21.9 ／ 8.1 ／ その他 16.2
　　　　　　　　　　　　　　　　　　食料品

総額33.1兆円

ウ　金属 20.7% ／ 機械 36.9 ／ 化学 17.0 ／ 11.0 ／ その他 14.4
　　　　　　　　　　　　　　　　└ 食料品

総額9.8兆円　　　　　化学5.6┐

エ　金属 16.3% ／ 機械 46.6 ／ 食料品 16.9 ／ その他 14.6

(2017年)　　　(2020/21年版「日本国勢図会」)

2 (10点×5− 50点)

(1)	
(2)	
(3)	
(4)	
(5)	

ワンポイント

(2) **A** は畜産の産出額が多い点に着目する。

(3) 東北地方の三陸海岸や福井県の若狭湾などにも見られる海岸地形である。

(4) 同じ耕地であること，時期により米と麦の2種類を栽培していることに着目して，解答をまとめる。

(5) 北九州工業地域は近年，総額が少なく，食料品の割合が比較的大きい点を手がかりに考える。

18 中国・四国地方

🎯 重要点をつかもう

1 自然の特色と人々の生活

① **東西に走る山地** 中国山地が山陰と山陽(瀬戸内),四国山地が瀬戸内と南四国に分ける。

② **気候を生かす産業** 山陰(稲作,砂丘の野菜,日本なし,水産業),瀬戸内(段々畑でみかん,のりやぶり類などの養殖),南四国(野菜の促成栽培,沖合・遠洋漁業)。

2 さかんな工業

瀬戸内工業地域→石油化学コンビナートと大規模な製鉄所。

3 地域の結びつきと変化

① **平和記念都市** 広島市は中国地方の中枢都市。

② **本州四国連絡橋** 神戸―鳴門,児島―坂出,尾道―今治ルートの開通。

▲中国・四国地方の自然

Step 1 基本問題

解答▶別冊14ページ

1 図解チェック⚡ 地図の空所に適語を入れなさい。

- 自動車 ❷ ［　　］市
- 鉄鋼 ❹ ［　　］市
- 石油化学 ❶ ［　　］市
- 鉄鋼・造船 ❸ ［　　］市
- 石油化学・鉄鋼 ❺ ［　　］市
- 明石海峡大橋
- 大鳴門橋
- 瀬戸内しまなみ海道
- かんがい用のため池 ❽ ［　　］平野
- 野菜の促成栽培 ❼ ［　　］平野
- 1988年に開通 ❻ ［　　］

Guide

ことば 本州四国連絡橋
　かつては本州と四国は船で移動していたが,3本のルートの開通により直接陸路で結ばれるようになった。
①児島―坂出ルート(瀬戸大橋)[1988年開通]
②神戸―鳴門ルート(明石海峡大橋・大鳴門橋)[1998年開通]
③尾道―今治ルート(瀬戸内しまなみ海道)[1999年開通]

くわしく 瀬戸内工業地域
　瀬戸内地域は海上交通が発達していたうえに,塩田跡地や埋め立てにより広大な土地を確保できたため,**石油化学**や金属工業などを中心に発展した。

2 [中国・四国地方の各県] 右の地図を見て，各問いに答えなさい。

(1) 次の各文が説明する県を地図中の
A〜Iから1つずつ選び，それぞれの県名も答えなさい。

① 中国・四国地方の中心となる県で，自動車工業がさかんである。平和記念都市がある。

[　　] [　　　　]

② 砂丘を開発し，らっきょうやながいもなどを栽培し，日本なしの生産が全国有数の県である。

[　　] [　　　　]

③ 広島県と瀬戸内しまなみ海道で結ばれている。みかんの生産は全国有数である。

[　　] [　　　　]

(2) 右の表は，地図中のC・G・Hの県にある都市の降水量と年平均気温を表したものである。Gの県の都市のものを，表のア〜ウから1つ選び，記号で答えなさい。

	1月 (mm)	8月 (mm)	全年 (mm)	年平均 (℃)
ア	202.0	116.6	1,914.0	14.9
イ	38.2	85.8	1,082.3	16.3
ウ	58.6	282.5	2,547.5	17.0

(2020年版「理科年表」)

[　　]

3 [中国・四国地方の産業] 右の地図を見て，各問いに答えなさい。

(1) 中国地方の県のうち，地図中aの高速道路が通っていない県名を答えなさい。

[　　　　]

(2) 地図中bの地域でさかんな産業を，次のア〜エから1つ選び，記号で答えなさい。

[　　]

ア 真珠の養殖
イ 稲作　ウ かきの養殖　エ ももやぶどうの栽培

(3) 地図中cの平野でさかんな，ビニールハウスを利用して，野菜の成長を早める栽培方法を何というか，答えなさい。

[　　　　]

くわしく 村おこし(町おこし)

過疎地域では，特徴を生かした特産品をつくり，地域振興を図る一村一品運動を進めたり，観光開発を行ったりしている。

ことば 原爆ドーム

1945年8月6日，アメリカ軍が投下した，世界で初めての原子爆弾の被害を受けた建物として，世界文化遺産に登録されている。「負の遺産」。

ことば 鳥取砂丘

鳥取県にある日本最大級の砂丘で，天然記念物に指定されている。らっきょうやながいも，たばこなどが栽培されている。

くわしく 中国自動車道

1983年の中国自動車道の開通によって，沿線に多くの企業が進出し，工業団地が形成された。

ことば 石油化学コンビナート

コンビナートとは生産の効率をあげるために関連のある工場をまとめた地域のことである。石油化学工業の原料である原油は大きなタンカーで運ばれてくるため，港湾付近に工場を集め，工場どうしをパイプラインで結んで，原油の精製から石油製品の生産までを1つのコンビナートで行っている。

Step **2** 標準問題

	時間	合格点	得点
	30分	70点	点

解答▶別冊14ページ

1 [中国・四国地方の産業] 次の地図や表を見て，各問いに答えなさい。

1 （7点×5－35点）

(1)	
(2)	X
	Y
(3)	A
	B

(1) 地図中の矢印Ⅰでおおよその位置を示した海流の名称として，最も適当なものを次のア～エから1つ選び，記号で答えなさい。

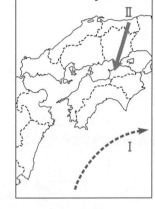

ア 千島海流（親潮）

イ 対馬海流

ウ リマン海流

エ 日本海流（黒潮）

ワンポイント

(1) リマン海流は，樺太の西から日本海北部を大陸に沿うようにして南に流れる海流。

(2) 地図中の矢印Ⅱに沿って移動したときの様子について述べた，次の文中の　X　，　Y　にあてはまる語句を下のア～エから1つずつ選び，記号で答えなさい。

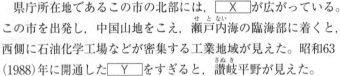

　　県庁所在地であるこの市の北部には，　X　が広がっている。この市を出発し，中国山地をこえ，瀬戸内海の臨海部に着くと，西側に石油化学工場などが密集する工業地域が見えた。昭和63 (1988)年に開通した　Y　をすぎると，讃岐平野が見えた。

ア 砂丘海岸　　　　**イ** 瀬戸大橋

ウ しまなみ海道　　**エ** リアス海岸

(3) 次の表は，中国・四国地方の島根県，広島県，愛媛県，高知県の，それぞれの県の面積・人口(2018年)，果実の産出額・製造品出荷額(2017年)，県庁所在地の1月と7月の降水量の平年値を示したものである。表中のA，Bの県名を答えなさい。

県名	面積 (km²)	人口(人)	果実の産出額 (億円)	製造品出荷額 (億円)	県庁所在地の降水量の平年値(mm)	
					1月	7月
A	8,480	2,817,157	172	102,356	44.6	258.6
高知	7,104	706,126	118	5,919	58.6	328.3
B	6,708	680,031	38	11,841	147.2	252.4
C	5,676	1,351,783	537	42,008	51.9	191.6

(2020年版「データでみる県勢」など)

[新潟－改]

2 [瀬戸内・南四国地方の産業] 瀬戸内・南四国地方の農業や工業について次の各問いに答えなさい。

記述式 (1) 讃岐平野について説明した，次の文の空所にあてはまる内容を答えなさい。

> 讃岐平野では農業用水などを供給するためのため池が多く見られる。その理由として，1年を通して（　　　）という特色があることや，大きな河川がないことなどがあげられる。

記述式 (2) 高知平野では野菜の促成栽培がさかんである。野菜の出荷時期を早める理由を「価格」という語句を用いて，「市場での供給量が」の書き出しに続けて答えなさい。

(3) 次のグラフは，全国と瀬戸内工業地域の工業出荷額の総額と内訳を表している。グラフ中P，Q，Rにあてはまる工業の種類を次から選び，それぞれ答えなさい。

[食料品　化学　機械]　　　　　　　　　〔福島－改〕

全国と瀬戸内工業地域の工業出荷額の総額と内訳　繊維1.2

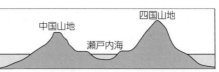

	金属	P	Q	R	その他
全国 321.9兆円	13.4%	46.0	13.1	12.1	14.2
瀬戸内工業地域 30.7兆円	18.6%	35.2	21.9	8.1	14.5

└2.1

(2017年)　　　　　　　　　（2020/21年版「日本国勢図会」）

3 [中国・四国地方の気候と漁業] 次の各問いに答えなさい。

記述式 (1) オリーブの栽培がさかんである香川県では，日照時間が長く，降水量が少ない。右の図は，中国・四国地方の断面を模式的に示したものである。香川県などの瀬戸内海に面した地域で年間を通じて降水量が少ないのはなぜか。「山地」という語句を使って，簡潔に答えなさい。

図中ラベル：中国山地　四国山地　瀬戸内海

(2) 香川県では，オリーブの葉が魚介類のえさの一部として利用されている。わが国の水産業の特徴について述べた次の文中の□□□にあてはまる語句をそれぞれ答えなさい。　　〔香川－改〕

> 近年では，□X□漁業から育てる漁業への転換がすすめられている。とくに，海や池でいけすなどを使って，卵や稚魚などを出荷できる大きさになるまで育てる漁業は□Y□と呼ばれる。

2（9点×5－ 45点）

(1)

(2)（市場での供給量が）

(3)
P

Q

R

┌ワンポイント┐
(1) 讃岐平野は瀬戸内の気候に属する。
(2) 市場での供給量に応じて商品の価格は変動する。

3（1）10点
他5点×2－ 20点

(1)

(2)
X

Y

┌ワンポイント┐
(1) 山地にはさまれた地域であることに注意する。

Step 3 実力問題 ①

時間	合格点	得点
30分	70点	点

【　　月　　日】

解答 ▶ 別冊15ページ

1 右の中国・四国地方を表した略地図を見て，各問いに答えなさい。(30点)

(1) 略地図から読みとれる文として正しいものを，次の**ア～エ**から1つ選び，記号で答えなさい。(10点)

ア 中国・四国地方は，関東地方に隣接している。

イ 本州四国連絡橋には広島県と徳島県を直接結ぶルートがある。

ウ 愛媛県には人口40万人以上の都市はない。

エ 人口10万人以上の都市の多くは，瀬戸内海沿岸部に多い。

○ 人口40万人以上の都市
● 人口10万人以上40万人未満の都市
━ 本州四国連絡橋のルート

(2020年版「データでみる県勢」)

重要
(2) 次のグラフは，仙台市，鳥取市，高松市，高知市の気温と降水量を表したものである。高松市のグラフとして適切なものを，略地図を参考にして，**ア～エ**から1つ選び，記号で答えなさい。(10点)

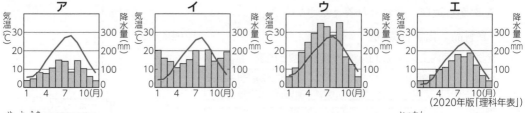

(2020年版「理科年表」)

(3) 瀬戸内地方には，石油化学工業などで見られる，原料から製品までを一貫して生産する工場の集団がある。この工場の集団を何というか，次の**ア～エ**から1つ選び，記号で答えなさい。

ア エコタウン　　イ コンビナート　　ウ サンベルト　　エ ニュータウン　(10点)

(1)	(2)	(3)

〔宮城－改〕

難問
2 屋久島には亜熱帯から冷帯までの気候が見られる。その理由を答えなさい。(10点) 〔愛光－改〕
記述式

3 次の各問いに答えなさい。(20点)

(1) 中国地方では高速道路の発達により，人やものが高速道路沿いの地域を通過し，大都市に吸い寄せられる現象が見られるようになった。この現象を何というか，答えなさい。(10点)

(2) 右のグラフ中の**ア～エ**は，四国地方・中国地方・北陸地方・北海道地方のいずれかの農業生産額割合(2018年)を示したものである。中国地方にあたるものを，**ア～エ**から1つ選び，記号で答えなさい。(10点)〔洛南高－改〕

	米	野菜	畜産	その他
ア				
イ				
ウ				
エ				

0　　20　　40　　60　　80　　100(%)

(2020/21年版「日本国勢図会」)

(1)	(2)

4 次の表は右の地図中に・で示した7県の県庁所在都市の降水量，水田率，ため池数，漁獲量(ぎょかく)（川や湖でとれるものを除く）を示したものである。表と地図を見て，あとの各問いに答えなさい。（40点）

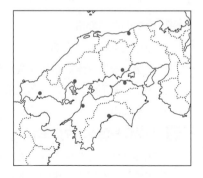

県名	県庁所在都市の降水量(mm)			水田率(%)(2018年)	ため池数(2020年)	漁獲量(万t)(2017年)		
	1月	7月	全年			海面漁業	海面養殖業	合計
A	59	328	2,548	75.5	391	6.6	1.8	8.4
B	202	201	1,914	68.0	992	7.4	0.2	7.6
山口	72	323	1,887	81.7	8,638	2.6	0.3	2.9
C	45	259	1,538	74.5	18,938	1.6	10.7	12.3
愛媛	52	192	1,315	46.1	3,147	8.0	6.3	14.3
D	34	161	1,106	78.3	9,760	0.4	2.2	2.6
香川	38	144	1,082	83.1	14,614	1.6	2.5	4.1

※水田率は耕地面積のうち田が占める割合を示している。海面漁業は遠洋漁業，沖合漁業，沿岸漁業のことをいう。(2020年版「データでみる県勢」など)

(1) 表の**A〜D**のうち，瀬戸内海(せとない)に面していない県の組み合わせとして適切なものを，次の**ア〜カ**から1つ選び，記号で答えなさい。（10点）

ア A・B　　**イ** A・C　　**ウ** A・D　　**エ** B・C　　**オ** B・D　　**カ** C・D

(2) 香川県と愛媛県の農業の特色について述べた次の文の空所に入る語句の組み合わせとして適切なものを，あとの**ア〜カ**から1つ選び，記号で答えなさい。（10点）

> 香川県は広い平野があり，水田率が高い。降水量が（　X　）ため，ため池を築き，（　Y　）を栽培(さいばい)してきた。愛媛県は平野が少なく，水田率が低い。山の斜面(しゃめん)などを利用して（　Z　）を栽培し，その出荷額(しゅっか)は全国上位となっている。

ア X少ない　Y小麦　Z果樹　　**イ** X多い　　Y小麦　Z野菜

ウ X少ない　Y米　　Z野菜　　**エ** X少ない　Y米　　Z果樹

オ X多い　　Y米　　Z野菜　　**カ** X多い　　Y小麦　Z果樹

(3) 広島県にあたるものを，表の**A〜D**から選び，記号で答えなさい。（10点）

(4) 表について述べた文として適切なものを，次の**ア〜エ**から1つ選び，記号で答えなさい。（10点）

ア 漁獲量の合計が上位の3県は，いずれも瀬戸内海にのみ面している。

イ 日本海にのみ面した県と太平洋のみに面した県は，海面養殖業(ようしょく)が2万t以上である。

ウ 漁獲量のうち海面養殖業が占(し)める割合が上位の3県は，瀬戸内海にのみ面している。

エ 日本海と瀬戸内海の両方に面した県は，漁獲量のうち海面養殖業の占める割合が50％以上である。

〔兵庫-改〕

(1)	(2)	(3)	(4)

ヒント

2 屋久島(やく)最高峰の宮之浦岳(みや の うらだけ)は標高が約2,000mある。

3 (2)北陸地方は稲作(いなさく)，北海道地方は畜産(ちくさん)がさかんであることから，2つにしぼられる。

4 (1)中国・四国地方で瀬戸内海に面していない県は太平洋か日本海に面している。

19 近畿地方

🎯 重要点をつかもう

1 歴史の古い都市

奈良には平城京，京都には平安京→歴史的都市。
観光業と景観保全。地場産業(伝統的工芸品)。
大阪は「天下の台所」→商業都市，神戸は港町
→貿易都市。

2 自然の特色と人々の生活

① 北部　なだらかな中国山地，丹波高地。

② 中部　平地に人口集中。阪神工業地帯，近郊
農業。北部と南部の過疎化に対し，中部は過
密→郊外にニュータウン→都心部の再開発。

③ 南部　日本有数の多雨地域，紀伊山地の林業，
紀州のみかん，遠洋漁業の基地。

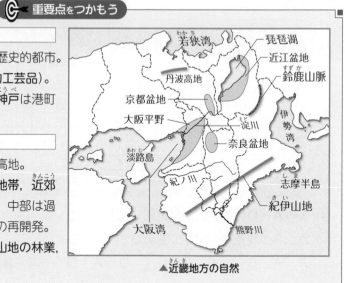

▲近畿地方の自然

Step 1 基本問題

解答▶別冊15ページ

1 図解チェック⚡ 地図の空所に適語を入れなさい。

近郊農業
❶　　　　　島

鉄鋼・造船・貿易港
❷　　　　　市

平安京(古都)，伝統産業
❸　　　　　市

日本最大の湖
❹

「天下の台所」
❺　　　　　市

真珠の養殖・リアス海岸
❻　　　　　半島

世界文化遺産がある
❼　　　　　山地

鉄鋼・化学
❽　　　　　市

相生　明石　高槻　吹田　岸和田　泉佐野

Guide

注意 **阪神工業地帯**
中京工業地帯に次ぐ
全国第2位の工業生産額。機
械工業の割合は低いが，金属
工業の割合や，全生産額に占
める中小工場の生産額の割合
が，他の工業地帯・地域と比
べて高くなっている。

くわしく **ウォーターフロント**
海や川に面した土地
のことで，大阪湾岸の埋立地
や東京臨海副都心などがその
例にあたる。湾岸地域はベイ
エリアと呼ばれることもある。

2 [近畿地方の府県] 右の地図を見て，各問いに答えなさい。

(1) 泉佐野市の沖合の埋立地に
建設された国際空港がある
府県を，地図中のA～Gか
ら1つ選び，記号で答えな
さい。　[　　　]

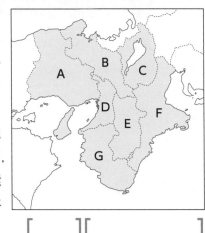

(2) 近郊農業がさかんな近畿地
方最大の島が属する府県を，
地図中のA～Gから1つ選
び，記号とその府県名を答
えなさい。
　[　　　][　　　　　　　　]

(3) 近畿地方の「水がめ」といわれる湖がある府県を，地図中のA
～Gから1つ選び，記号で答えなさい。また，その府県の府県
庁所在都市名を答えなさい。　[　　　][　　　　　　　　]

(4) 地図中Bの府県の伝統的工芸品として正しくないものを，次の
ア～エから1つ選び，記号で答えなさい。　[　　　]
ア　西陣織　　イ　有田焼　　ウ　清水焼　　エ　京友禅

3 [近畿地方の工業] 右の地図を見て，各問いに答えなさい。

(1) 地図中Xで示された工業地帯
について，次の各問いに答え
なさい。
①この工業地帯名を答えなさ
い。[　　　　　　　　]

記述式
②この工業地帯の沿岸部と内
陸部の工場の規模の違いを
簡潔に説明しなさい。

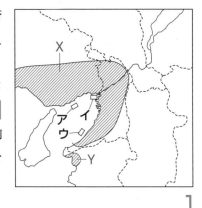

[　　　　　　　　　　　　　　　　　　　　]

(2) 大阪市を中心に神戸市・京都市・奈良市などを含んだ，密接な
つながりをもつ地域を何といいますか。
　　　　　　　　　　　　　　　　　[　　　　　　　　]

(3) 1994年に開港した関西国際空港の位置を，地図中のア～ウから
1つ選び，記号で答えなさい。　　　　　　[　　　]

(4) 地図中Yの地域でさかんな工業を，次のア～エから1つ選び，
記号で答えなさい。　　　　　　　　　　　[　　　]
ア　鉄鋼　　イ　造船　　ウ　電気機器　　エ　食料品

ことば　関西国際空港
大阪国際空港(伊丹)
の騒音問題をきっかけに1994
年に開港。大阪湾の泉州沖の
海上を埋め立てて建設された。
航空機の離着陸は24時間可能
となっている。

ことば　播磨臨海工業地域
姫路を中心に，相生
から明石までの都市が含まれ
る。

くわしく　公害と対策
1970年代，大阪市で
は工業の発展にともない，工
場からの排煙による大気汚染
や地下水のくみ上げすぎによ
る地盤沈下などの公害がおき
た。そこで港湾整備や埋立地
への工場移転が行われた。滋
賀県の琵琶湖では湖の富栄養
化により，水質が悪化したた
め，家庭でのリンを含む合成
洗剤の使用が禁止された。

注意　関西文化学術研究都
市
1985年から京都・大阪・奈良
の3府県にまたがる丘陵地に
建設が進められ，文化・学
術・研究・産業の総合的な都
市づくりを目標にしている。

Step ② 標準問題

時間	合格点	得点
20分	70点	点

解答▶別冊15ページ

重要 **1** [近畿地方の自然と産業] 近畿地方についての地図や資料を見て，次の各問いに答えなさい。

(1) 略地図中のＸ県にある，日本で面積が最大の湖の名まえを答えなさい。

(2) 略地図中のＹ県は，北部が生活のうえで中部地方の隣県（りんけん）と関係が深いことから，中部地方のいくつかの県とあわせて地域区分されることがある。その地域区分として適切なものを，次の**ア**〜**エ**から1つ選び，記号で答えなさい。

ア 北 陸　　**イ** 山 陽（さんよう）
ウ 甲信越（こうしんえつ）　　**エ** 東 海

(3) 次のページの資料ⅠのＡ〜Ｄは，略地図中のＰ〜Ｓのいずれかの府県であり，資料Ⅰは，Ａ〜Ｄの産業と府県庁所在地人口についてまとめたものである。略地図と資料Ⅰを見て，次の各問いに答えなさい。

①資料ⅠのＢの府県名を答えなさい。なお，府または県をつけること。

②次の**ア**〜**エ**の各文は，それぞれ資料ⅠのＡ〜Ｄのいずれかについて述べたものである。Ｄについて述べたものとして適切なものはどれか。**ア**〜**エ**の中から1つ選び，記号で答えなさい。

ア 紀伊（きい）山地では，吉野杉（よしのすぎ）のような特色ある木材を生産している。

イ 本州四国連絡橋（れんらくきょう）の1つである神戸（こうべ）・鳴門（なると）ルートが通り，明石海峡大橋（あかしかいきょうおおはし）がかかっている。

ウ 淀川河口（よどがわかこう）付近では，テーマパークの建設など再開発が進んでいる。

エ 西陣織（にしじんおり）などの伝統産業や，町家などの古い町なみが残っている。

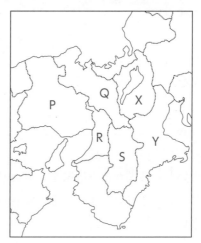

1 (17点×5−85点)

(1)	
(2)	
(3)	①
	②
(4)	

ワンポイント

(1) Ｘは滋賀県。この湖から引かれた疏水（そすい）は，京都へと流れている。

(2) 中部地方は，北部と中央部，南部の3つの地域に分けられる。南部は何というか。Ｙの県は愛知県や岐阜県とつながりが深い。

(3) ②府県庁所在地人口を比べると，Ｄの府県がどこかわかりやすい。

資料Ⅰ　A～Dの産業と府県庁所在地人口（2017年）

	農業生産額 （十億円）	工業出荷額 （十億円）	小売販売額 （十億円）※	府県庁所在地 人口（千人）※※
A	74	5,822	2,976	1,413
B	36	17,349	10,325	2,714
C	163	15,799	5,726	1,538
D	43	2,118	1,248	357

※は2015年，※※は2019年。　　　　　　　（2020年版「データでみる県勢」）

(4) 右の図は，日本の一部が位置する東経・北緯を表したものである。略地図中の**P**の府県が位置する範囲を，図の**ア～エ**から１つ選び，記号で答えなさい。　〔徳島－改〕

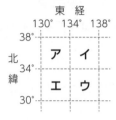

ワンポイント
(4) 日本の標準時子午線が通っている府県である。

2 [近畿地方の人口] 次の資料１～３から読みとることのできる内容として正しいものを，あとの**ア～オ**からすべて選びなさい。

資料1　近畿地方の人口密度（2019年）

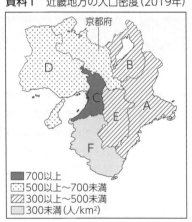

700以上
500以上～700未満
300以上～500未満
300未満（人/km²）

資料2　近畿地方の人口増減率（2018年～2019年）

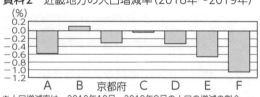

※人口増減率は，2018年10月～2019年9月の人口の増減の割合。

資料3　近畿地方の人口と高齢化率（2019年）

	A	B	京都府	C	D	E	F	全国平均
人口（千人）	1,781	1,414	2,583	8,809	5,466	1,330	925	
高齢化率（%）	29.7	26.0	29.1	27.6	29.1	31.3	33.1	28.4

※高齢化率は，総人口に占める65歳以上の高齢者の割合。
（資料1～3は，2020/21年版「日本国勢図会」）

ア 人口密度が最も低い府県は，人口増減率がマイナスであり，近畿地方で高齢化率が最も高い。

イ 人口が京都府より少ない府県はすべて，京都府より人口密度と高齢化率が低い。

ウ 人口密度が最も高い府県は，近畿地方で人口が最も多く，高齢化率は最も低い。

エ 近畿地方には，高齢化率が全国平均より低い府県のほうが多い。

オ 人口増減率がマイナス0.2より大きい（－0.1など）府県の高齢化率は，全国平均より低い。　〔岡山－改〕

2 (15点)

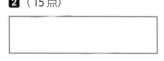

20 中部地方

重要点をつかもう

1 自然の特色と人々の生活

① **東海**　温暖な太平洋側の気候，茶・野菜・花き，**輪中**，発達した商工業。

② **中央高地**　**日本アルプス**（飛驒・木曽・赤石山脈），高原野菜・果樹，精密機械工業。

③ **北陸**　冬の多雪→水田単作，出かせぎ，地場産業・伝統工業。

2 産業と地域

成長する**中京工業地帯**（臨海部埋立地の重工業，自動車工業）→**東海工業地域**へ延長。

3 公害

四大公害病のうち，富山県で**イタイイタイ病**，新潟県で**新潟水俣病**が発生。

▲中部地方の自然

Step 1 基本問題

解答▶別冊15ページ

1 図解チェック 地図の空所に適語を入れなさい。

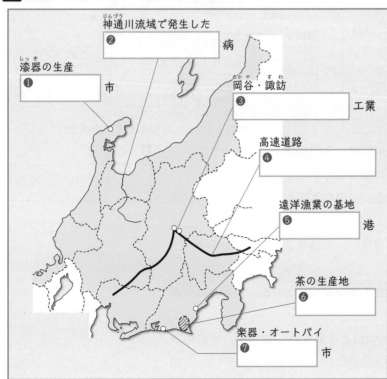

神通川流域で発生した
❷ ［　　　　　］病

漆器の生産
❶ ［　　　　　］市

岡谷・諏訪
❸ ［　　　　　］工業

高速道路
❹ ［　　　　　］

遠洋漁業の基地
❺ ［　　　　　］港

茶の生産地
❻ ［　　　　　］

楽器・オートバイ
❼ ［　　　　　］市

Guide

くわしく **輪中**
洪水から集落や田畑を守るために周囲に堤防をつくった地域で，木曽川・長良川・揖斐川が伊勢湾に注ぐ一帯（濃尾平野）に見られる。

ことば **公害**
人間の活動により，人間が生活している環境が悪化したり人間の生命，健康などを害したりする現象である。社会問題となった**四大公害病**が代表例である。

くわしく **水田単作**
水田で稲を1年に1回だけ栽培すること。冬に雪などのために耕作ができない北陸地方や東北地方・北海道地方は，ほとんどが水田単作地帯である。

2 [中部地方の各県] 右の地図を見て，各問いに答えなさい。

(1) H県の甲府盆地で栽培されている代表的なくだものはももとあと１つは何ですか。

[　　　　　　　　　]

(2) 夏の涼しい気候を利用したレタス栽培がさかんな県を，A〜Iから１つ選びなさい。

[　　　　　　　　　]

(3) 四大公害病の１つであるイタイイタイ病が発生した県を，A〜Iから１つ選び，その県名も答えなさい。

[　　　　　][　　　　　　]

(4) 中京工業地帯にあり，自動車工業のさかんな都市がある県を，A〜Iから１つ選び，その都市名も答えなさい。

[　　　][　　　　　　　]

---

3 [中部地方の産業] 右の地図を見て，各問いに答えなさい。

(1) 地図中の①◌◌◌，②⬭の地域で，さかんに行われている農業を，次の**ア**〜**エ**から１つずつ選び，記号で答えなさい。

①[　　　] ②[　　　]

ア 近郊農業 **イ** 早場米の生産
ウ 果樹栽培 **エ** 抑制栽培

(2) 次の①，②にあてはまる都市を，地図中の**ア**〜**オ**から１つずつ選び，記号で答えなさい。 ①[　　　] ②[　　　]
①九谷焼，加賀友禅などの伝統産業や機械工業が発達。
②オートバイ・自動車・楽器の生産がさかん。

(3) 次の文中の①にあたる河川名，②にあたる用水名を答えなさい。

①[　　　　　] ②[　　　　　]

> 地図中の①A川の佐久間発電所や支流の新豊根発電所は，大規模なダム式発電所として有名である。また，B川の水は（ ② ）用水により濃尾平野東部から知多半島に引かれ，工業・農業・飲料水に利用されている。

右側の欄：

くわしく 高原野菜
夏の涼しい気候を利用して栽培される野菜で，浅間山ろくの嬬恋村のキャベツや八ヶ岳山ろくの野辺山原のレタスなど。高速道路などを使って出荷される。低地と収穫の時期がずれるため，低地で品薄となる時期に出荷でき，高く売れるという利点がある。

ことば 輪島塗
能登半島北岸の輪島市でつくられる漆器の名称である。

くわしく 中京工業地帯
中京工業地帯は工業出荷額で重化学工業が８割以上を占め，おもな工業地帯や工業地域のうちで総出荷額が最も多い。特に自動車工業などの機械工業がさかんである。

ことば 近郊農業
大都市の周辺で，都市部に新鮮な農作物などを出荷するために行われる農業である。

くわしく 早場米
収穫期がふつうの米より早く，８月〜９月ごろには収穫が終わり，米は秋早くに出荷される。特に，冬の訪れが早い北陸・東北地方などでさかんに栽培されている。

第1章 第2章 第3章 **第4章**

Step ② 標準問題

解答▶別冊16ページ

1 [中部地方の自然と産業] 右の略地図を見て，各問いに答えなさい。

1（7点×7−49点）

(1) 右の雨温図は，富山市，松本市，浜松市のうちいずれの都市のものか，都市名を答えなさい。

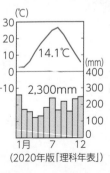

(℃)
30
20
10
0
-10
14.1℃
(mm)
400
300
200
100
2,300mm
1月　7　　12
(2020年版「理科年表」)

(2) 右下の表は，6種類の農作物について，生産量の上位5位までの都道府県を表したものである。次の各問いに答えなさい。

①略地図の**A**，**B**，**C**の県は，表中の**X**〜**Z**のいずれかである。**X**〜**Z**にあてはまる県を，**A**，**B**，**C**からそれぞれ選び，記号で答えなさい。

	米 (2019年)	いちご (2018年)	はくさい (2018年)	西洋なし (2018年)	みかん (2018年)	□ (2018年)
1位	Y	栃 木	茨 城	山 形	和歌山	青 森
2位	北海道	福 岡	X	青 森	Z	X
3位	秋 田	熊 本	群 馬	Y	愛 媛	岩 手
4位	山 形	Z	北海道	X	熊 本	山 形
5位	宮 城	長 崎	栃 木	福 島	長 崎	福 島

(2020/21年版「日本国勢図会」など)

②表の□□□□にあてはまる果実の名称を答えなさい。

(3) 略地図の①は「輪島塗」，②は「越前和紙」，③は「瀬戸焼」の産地を示したものである。このような地域特有の技術や材料を生かした工芸品を生産する産業を何産業といいますか。

(4) **D**の県を説明した文を，次の**ア**〜**エ**から1つ選びなさい。

ア 日本有数の工業地帯があり，自動車や航空機などの重工業がさかんである。

イ 県の南部を中心として陶磁器の生産がさかんで，歴史的には関ヶ原の戦いの舞台となった。

ウ 諏訪湖周辺では，時計やカメラなどの精密機械を製造する工業が発達している。

エ 神通川流域ではかつて公害が発生したが，現在では，化学肥料，アルミニウムなどの工業が発達している。〔青森−改〕

(1)	
(2)	① X
	Y
	Z
	②
(3)	
(4)	

ワンポイント

(2)②青森県の生産量は全国の50%以上を占める。

(4)愛知県は中京工業地帯の一部である。豊田の自動車，東海の鉄鋼，瀬戸や常滑の陶磁器などが有名で，製造品出荷額は全国一である。

2 [中部地方の自然と人口] 地図や資料を見て，各問いに答えなさい。

(1) 昨年の夏休みに一郎さんの名古屋市（な）に住んでいる親せきが，全線が開通した東海北陸自動車道を利用して，富山県に来た。富山市内の一郎さんの家に来る途中（とちゅう），1995年にユネスコの（　　　）に登録された五箇山（かやま）の合掌造り（がっしょう）集落を見学してきた。次の各問いに答えなさい。

富山市

高山市

名古屋市

①文中の（　　　）に適切な語句を漢字4字で答えなさい。

②高山市（たかやま）がある岐阜県と県境を接していない県を，次のア〜エから1つ選び，記号で答えなさい。

ア 福井県　**イ** 滋賀県　**ウ** 長野県　**エ** 新潟県

(2) 次の資料中のA〜Dは，愛知県，三重県，岐阜県，滋賀県のいずれかを表している。あとの各問いに答えなさい。

県	面積 (km²)	人口 (千人)	昼夜間人口比率 (%)
A	4,017	1,412	96.5
B	5,173	7,537	101.4
C	10,621	1,997	96.1
D	5,774	1,791	98.3

（平成27年「国勢調査」など）

（注）昼夜間人口比率
　　＝ 昼間人口 / 夜間人口 ×100

①地図と資料から正しく読みとれるものを，次のア〜エから1つ選び，記号で答えなさい。

ア Aは，面積，人口，人口密度ともにA〜Dの中でいちばん少なく，大きな湖を有する県である。

イ Bは，昼夜間人口比率が100％を超えているので隣接（りんせつ）するA・CからBへの通勤・通学者が多いと考えられる。

ウ Cは，A・Dより人口が多く，Bと同じく海に面していない内陸県である。

エ Dは，Cより昼夜間人口比率と人口密度が高く，また，6つの府県と接している。

②A〜Dの県名をそれぞれ答えなさい。　　　　　〔富山・徳島－改〕

---

2 (2)① 9点
他7点×6－51点

(1)	①	
	②	
(2)	①	
	②	A
		B
		C
		D

ワンポイント

(1)①富山県の五箇山は岐阜県の白川郷（しらかわごう）とともに，合掌造り集落が登録された。

(2)三重県は7地方区分では近畿（きんき）地方に分類されるが，愛知県などとともに，東海地方として分類されることもある。

Step 3 実力問題②

1 近畿・中部地方の府県について，次の各問いに答えなさい。（40点）

重要 (1) 次のグラフは，大阪府，和歌山県，長野県，愛知県の製造品出荷額の割合を表している。このうち，和歌山県と愛知県を表しているものを，**ア～エ**から1つずつ選び，記号で答えなさい。

（各10点）

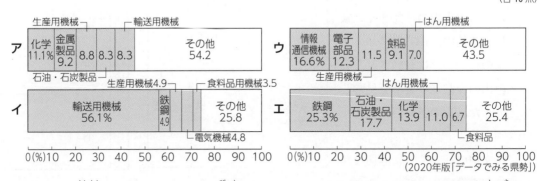

0(%)10 20 30 40 50 60 70 80 90 100
0(%)10 20 30 40 50 60 70 80 90 100
（2020年版「データでみる県勢」）

(2) 和歌山県の串本沿岸海域や滋賀県の琵琶湖は，水鳥などが生息する国際的に貴重な湿地を守るために結ばれた条約に登録され，環境保全のとり組みが進められている。この条約を何といいますか。（10点）

記述式 (3) 右のグラフは，2019年の東京都中央卸売市場における長野県産レタスと長野県産以外のレタスの月別取扱量を示している。グラフをみると，長野県産レタスの取扱量が夏季に多いことが分かる。長野県で夏季にレタス栽培がさかんに行われている理由を，生産地の自然環境に着目して簡潔に説明しなさい。（10点）

〔和歌山・長崎－改〕

グラフ

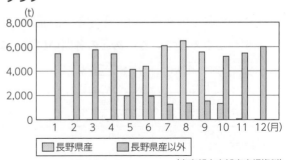

（東京都中央卸売市場資料）

(1)	和歌山県	愛知県	(2)	
(3)				

2 近畿地方，中部地方に属する府県・市について，次の各問いに答えなさい。（60点）

重要 (1) 次の文が説明する県名を漢字で答えなさい。（10点）

> この県は，臨海部に石油化学工業などの工場があり，太平洋ベルトに含まれる。かつて，これらの工場からの排出物を原因とする大気汚染で健康被害を受けた人々の訴えにより，裁判が行われた。この裁判は四大公害裁判の1つとして知られている。

(2) 右の写真1・2を見て，次の各問いに答えなさい。

写真1

写真2

重要 ①写真1は，新潟県の冬の光景である。写真1を参考にして，新潟県に位置する都市の雨温図を，次の**ア～エ**から1つ選び，記号で答えなさい。（10点）

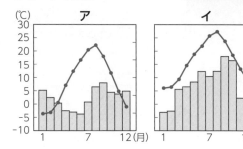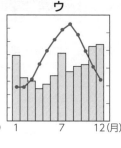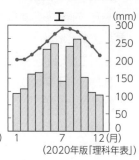

(2020年版「理科年表」)

記述式 ②写真2は，名古屋市郊外の駐車場に設置してある案内板である。名古屋市では，周辺の地域から中心部に行く人に途中で自動車から鉄道やバスへの乗り換えをすすめる政策が行われている。この政策の目的について述べた次の文の空所にあてはまる内容を「都市中心部」「自動車」の2語を用いて答えなさい。（10点）

> この政策は，（　　　　　　　）ことを目的としている。そのことで道路交通が円滑になり，さらには自動車の排気ガスによる大気汚染や地球温暖化を防止することにつながる。

難問 (3) 右の表の a～d は，福井県，長野県，岐阜県，大阪府のいずれかであり，x・y は畜産か野菜のいずれかの産出額である。野菜の産出額は x・y のどちらか答えなさい。また，岐阜県と大阪府にあたるものを，a～d から選びなさい。（各10点）

府県名	x (億円)	y (億円)	果実の 産出額 (億円)	海面漁業 漁獲量 (t)	製造品 出荷額等 (億円)
a	840	300	625	―	62,316
b	159	23	71	19,291	173,490
c	349	454	50	―	57,062
d	86	47	9	11,731	21,394

※表中の「―」は，まったくないことを示す。(2020年版「データでみる県勢」)

(1)		(2)	①	②	
(3)	野菜		岐阜県	大阪府	

〔長崎・愛知－改〕

1 (2) 条約名には，条約が結ばれたイランの都市名がつけられている。

2 (2) ② 「パークアンドライド」というしくみで，ドイツなどでさかん。

(3) 海面漁業漁獲量がないということは，海に面していない内陸県である。

21 関東地方

重要点をつかもう

1 位置・あゆみ

東京は江戸時代の城下町から発展→現在では政治・経済・文化の中心地（首都）。

2 自然の特色

関東平野→関東ロームの畑作（近郊農業・特産物），内陸（冬のからっ風），太平洋岸（温暖）。

3 工業と地域

京浜工業地帯，京葉工業地域，北関東工業地域，鹿島臨海工業地域。

4 住居と生活

① 首都圏の形成と地域変化　交通ターミナルと副都心，臨海地域の開発，ニュータウン。

② 都市問題と国土利用　ヒートアイランド現象，東京一極集中から多極分散型国土へ。

③ 南の島々　伊豆諸島と小笠原諸島（火山島，世界自然遺産）。

▲関東地方の自然

Step 1 基本問題

解答▶別冊16ページ

1 図解チェック⚡ 地図の空所に適語を入れなさい。

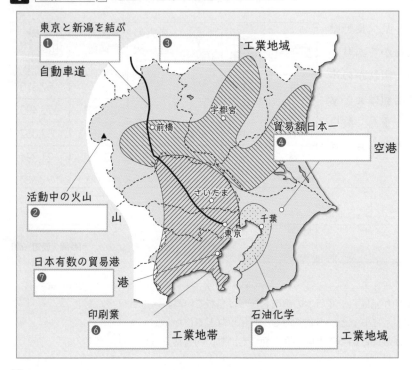

東京と新潟を結ぶ ❶ 自動車道

❸ 工業地域

貿易額日本一 ❹ 空港

活動中の火山 ❷ 山

日本有数の貿易港 ❼ 港

印刷業 ❻ 工業地帯

石油化学 ❺ 工業地域

Guide

衛星都市（くわしく）
都心からはなれた郊外にあり，ベッドタウンになっている。大学のキャンパスが立地しているところもある。東京周辺の多摩，武蔵野，大阪周辺の豊中，芦屋などが代表的。

京浜工業地帯（ことば）
機械や金属，化学などの重化学工業が中心であり，**東京湾西岸**に広がっている。

からっ風（ことば）
関東地方で冬に吹く，冷たく乾燥した北西の風。冬の北西の季節風が日本海側に雪や雨を降らせたあと，乾燥した風となり，関東地方に吹きおろす。

2 [関東地方の都県] 右の地図を見て，各問いに答えなさい。

(1) 大都市周辺で，都市に住む人々向けの野菜などを栽培（さいばい）する農業を何というか，答えなさい。

[   ]

(2) 川崎（かわさき）などを中心とする沿岸部に重化学工業が発達している都県を地図中のA～Gから1つ選び，記号とその都県名を答えなさい。[   ][   ]

(3) 鹿島（かしま）臨海工業地域がある地図中のFの都県名を答えなさい。

[   ]

(4) 都心からはなれたベッドタウンとも呼ばれる都市を何というか，漢字4字で答えなさい。　[   ]

3 [都市問題と工業] 右の地図を見て，各問いに答えなさい。

(1) みなとみらい21と呼ばれる地区が建設されているのは，地図中のア～エのどこか，記号で答えなさい。　[   ]

(2) 右のグラフは，地図中のa～cのどの工業地帯（地域）を表しているか，記号とその工業地帯（地域）名を答えなさい。

[   ]
[   ]

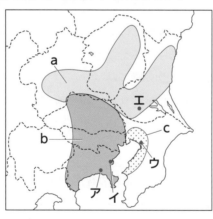

工業製品出荷額の割合

金属 21.5%	機械 13.1	化学 39.9	食料品 15.8	

その他9.7

(2017年)　(2020/21年版「日本国勢図会」)

(3) 東京の大都市圏でかかえている都市問題として適切でないものを，次のア～エから1つ選び，記号で答えなさい。　[   ]

ア　地下水のくみ上げによる地盤沈下（じばんちんか）。

イ　工場から出る煙（けむり）などによる大気汚染（おせん）。

ウ　通勤・通学の混雑や交通渋滞（じゅうたい）。

エ　農村からの流入者の急増とスラム化。

解答▶別冊16ページ

1 [関東地方の都市・人口] 次の各問いに答えなさい。

重要 🗯(1) 東京やその周辺の都市について述べた文として誤っているもの
を，次の**ア～エ**から1つ選び，記号で答えなさい。

ア 東京駅周辺には商業施設が集積し，東京の都心を形成して
いる。

イ 東京の中心部から郊外に向けて，鉄道や高速道路が放射状
に伸びている。

ウ 都心と郊外を結ぶターミナル駅付近には，副都心が形成さ
れている。

エ 東京の中心にある23区ではドーナツ化現象が進み，すべて
の区で人口が減少している。

(2) 右の表は，三大
都市圏それぞれ
における都府県
の昼夜間人口比

東京大都市圏		大阪大都市圏		名古屋大都市圏	
A	117.8	大阪	104.4	愛知	101.4
B	99.0	京都	101.8	三重	98.3
C	88.9	奈良	90.0	岐阜	96.1

※昼夜間人口比率は常駐（夜間）人口100人あたりの昼間人口
(2020/21年版「日本国勢図会」)

率を示したものである。表中の**A～C**にあてはまる都県を，次
の**ア～ウ**から1つずつ選び，記号で答えなさい。

ア 栃木県　　**イ** 東京都　　**ウ** 埼玉県

(3) 東京へは国内外から多くの観光客が訪れる。観光地でのとり組
みについて説明した次の文中の空所に共通してあてはまる語句
を，カタカナで答えなさい。

> 日本各地の観光地で自然や文化など地域の特性をいかし，多
> くの観光客を集めている。近年，自然に恵まれた地域では，
> （　　　　）がさかんに行われている。（　　　　）とは，旅行者が案
> 内を受けながら自然保護に配慮しつつその価値にふれ，知識や
> 理解を深める活動である。

記述式 ✏(4) 右の資料は，東京23区において
見られるヒートアイランド現象
について示したものである。こ
れはどのような現象か。資料を
もとに，「都市化」という語句
を使って，答えなさい。

資料 熱帯夜の日数(7月20日～9月30日)

少 ←──日数──→ 多

※熱帯夜は，夜間の
最低気温が25℃
以上の夜のことで，
色が濃いほど熱帯
夜の日数が多いこ
とを表している。
(東京都環境科学研究所資料)

〔青雲高・洛南高・鹿児島－改〕

1

配点
(3)・(4) 10点×2
他5点×4― 40点

(1)	
(2)	A
	B
	C
(3)	
(4)	

｜ワンポイント｜

(1) 昼夜間人口比率が100よ
り大きいということは，
昼間人口が夜間人口より
多いことを意味している。

(4) 資料から，都心部で熱帯
夜が多いことがわかる。
高層ビルや自動車の通行
が多いことなどが原因と
考えられる。

2 [関東地方の自然・産業] 地図や資料を見て，各問いに答えなさい。

記述式 (1) 群馬県の平野部では，「からっ風」
と呼ばれる冬の季節風が吹きおろ
す。この季節風が乾燥(かんそう)している理
由を，群馬県の地形に着目して簡
潔に説明しなさい。

記述式 (2) 次の資料1・2から読みとれる群
馬県の産業の特徴(とくちょう)を，簡潔に説明
しなさい。

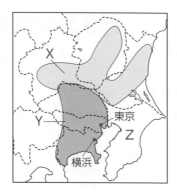

資料1　生産額の産業別割合

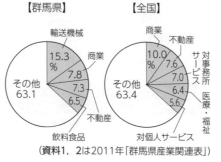

資料2　生産額の部門別割合

【群馬県】　　　　【全国】

(**資料1, 2**は2011年「群馬県産業関連表」)

(3) 地図中のXで示した工業地域の都市として不適当なものを，次
のア〜エから1つ選び，記号で答えなさい。
ア 高崎市(たかさき)　イ 前橋市(まえばし)　ウ 桐生市(きりゅう)　エ 船橋市(ふなばし)

重要 (4) 地図中のYの工業地帯の工業製品出荷(しゅっか)額の半分近くを占めるも
のを，次のア〜エから1つ選び，記号で答えなさい。
ア 食料品　イ 機械　ウ 金属　エ 繊維(せんい)

(5) 地図中のZの県の南部で生産がさかんなものを，次のア〜エか
ら1つ選び，記号で答えなさい。
ア 茶　イ みかん　ウ 花　エ 米

重要 (6) 右のグラフは，横(よこ)
浜(はま)港の輸出品目の
割合を示したもの
である。Aに入る
輸出品目を，次のア〜エから1つ選び，記号で答えなさい。

内燃機関 4.5　プラスチック 4.0　金属加工機械3.2

| A 19.6% | その他 64.2 |

自動車部品 4.5
(2019年)　(2020/21年版「日本国勢図会」)

ア 衣類　イ 自動車　ウ 魚介類(ぎょかいるい)　エ 鉄鋼

(7) 地方から東京などの大都市に移り住んだ人々が，再び生まれ故
郷にもどることを何というか，答えなさい。

〔群馬−改〕

2 ((1)・(2) 10点×2
他8点×5− 60点)

(1)	
(2)	
(3)	
(4)	
(5)	
(6)	
(7)	

┌─ ワンポイント ─┐

(1) 冬の季節風は北西の方角
から吹いてくる。群馬県
の北西に位置する新潟県
は季節風の影響(えいきょう)を受け，
冬に雪が多い。

(2) 第二次産業には鉱工業や
建設業が含(ふく)まれる。群馬
県が入るXの工業地域で
は電気機器工業や自動車
工業が発達している。

(4) Yは京浜工業地帯である。

22 東北地方

◎ 重要点をつかもう

1 自然の特色と人々の生活

① 南北に走る山地　奥羽山脈(東西を分ける)，東(太平洋側)→冷害(やませ)，三陸海岸(リアス海岸)，潮目(潮境)，西(日本海側)→降雪(北西季節風)，水田単作地帯。

② 冷涼な気候　青森，山形，福島の果樹栽培。

2 地域の結びつきと変化

① 交通網の整備　東北新幹線・東北自動車道→首都圏と結びつく。

② IC工場の進出　空港や高速道路付近。

③ 伝統文化の観光化　東北四大祭や民芸品など。

▲東北地方の自然

Step 1 基本問題

解答▶別冊17ページ

1 図解チェック⚡ 地図の空所に適語を入れなさい。

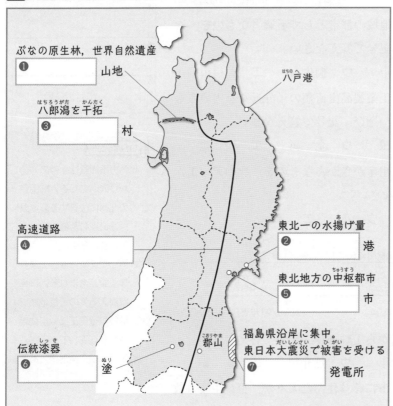

ぶなの原生林，世界自然遺産
❶ [　　　] 山地

八郎潟を干拓
❸ [　　　] 村

高速道路
❹ [　　　]

伝統漆器
❻ [　　　] 塗

八戸港

東北一の水揚げ量
❷ [　　　] 港

東北地方の中枢都市
❺ [　　　] 市

福島県沿岸に集中。
東日本大震災で被害を受ける
❼ [　　　] 発電所

Guide

くわしく　東日本大震災

2011年3月11日，三陸沖を震源とするマグニチュード9.0の巨大地震がおこり，宮城県北部では震度7を記録した。地震にともなう大津波によって，岩手県・宮城県・福島県などの沿岸部は壊滅的な被害を受けた。死者・行方不明者数は1万8千人を超え，戦後最大の災害となった。また，被災した福島第一原子力発電所で事故がおこり，放射性物質が発電所内から拡散する事態となった。

注意　三陸海岸

三陸海岸はリアス海岸になっており，良港に恵まれ漁獲量が多い。しかし，地震による津波の被害を受けやすい地形でもある。

2 [東北地方の各県] 右の地図を見て，各問いに答えなさい。

(1) A県の津軽平野で栽培がさかんなくだものは何ですか。
[   ]

(2) 夏に太平洋側で吹き，冷害を引きおこす北東風を何といいますか。
[   ]

(3) E県の仙台市で行われる東北四大祭の１つは何ですか。
[   ]

(4) 日本の穀倉地帯とも呼ばれる庄内平野がある県を，A～Fから１つ選びなさい。
[   ]

(5) かつては琵琶湖に次ぐ日本第二の湖であった八郎潟を干拓してつくった大潟村がある県を，A～Fから１つ選び，記号で答えなさい。
[   ]

3 [東北地方の農業] 右の地図を見て，各問いに答えなさい。

(1) 地図中の（　）①，②に入る海流名を答えなさい。
①[   ]
②[   ]

(2) 地図中の⊙は，海流がぶつかるところで，好漁場になっているが，このようなところを何というか，答えなさい。
[   ]

(3) 伝統的工芸品である「曲げわっぱ」と「将棋の駒」の産地を，地図中のア～エから１つずつ選び，記号で答えなさい。
曲げわっぱ[   ]　将棋の駒[   ]

(4) 右のグラフⅠ・Ⅱは，米，りんご，さくらんぼ，もも，ぶどうのいずれかの上位生産県を表している。Ⅰ・Ⅱが表す農産物名をそれぞれ答えなさい。
Ⅰ[   ]
Ⅱ[   ]

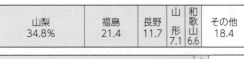

Ⅰ	山梨 34.8%	福島 21.4	長野 11.7	山形 7.1	和歌山 6.6	その他 18.4
Ⅱ	山形 78.5%				山梨 6.0	その他 15.5

(2018年)　(2020/21年版「日本国勢図会」)

くわしく　ＩＣ工場
ＩＣ（集積回路）は，小型で軽量，そして高価な製品であり，輸送費が高い航空輸送を使っても利益が得られる。そのため，東北・九州地方などにも多くの工場が進出しており，東北地方はシリコンロードと呼ばれることもある。

ことば　■やませ
夏のはじめに吹く，冷たくしめった北東風で，東北地方の太平洋側で吹く。東北地方の稲などの農作物に冷害の被害を与えることがある。
■冷害
夏の農作物の生長期に気温が上がらず，日照時間が不足することによって，農作物が不作になること。

くわしく　潮目
暖流と寒流がまじわるところで，潮境とも呼ばれる。プランクトンが豊富なため，よい漁場となる。日本では岩手県の三陸沖が知られている。

ことば　白神山地
青森県と秋田県にまたがってぶなの原生林が広がり，世界自然遺産に登録されている。

	時間	合格点	得点
	25分	70点	点

【　　月　　日】

解答▶別冊17ページ

1 [東北地方の自然と産業] 略地図を見て，各問いに答えなさい。

1（7点×7－49点）

重要
😮 (1) 次の文中の空所にあてはまる語句をそれぞれ答えなさい。

> 略地図中のXは，この地方の気候を東西に分ける ☐ **M** 山脈である。また，Yの海岸は，谷の発達した山脈が沈降（ちんこう）してきた ☐ **N** （式）海岸となっている。

略地図：●印の**ア〜エ**は県庁所在地／X／北上高地／出羽山地／**ア**／**ウ**／**イ**／**エ**／Y／0　100km

(2) 東北新幹線の駅がない都市を，略地図中の**ア〜エ**から１つ選び，記号で答えなさい。

(3) 人口100万人を超（こ）える東北地方の中心都市を，略地図中の**ア〜エ**から１つ選び，記号で答えなさい。

(4) 東北地方の６県についてまとめた次の表のＡとＤにあたる県名をそれぞれ答えなさい。

項目　　　県	人口（万人）	面積（km²）	65歳以上人口割合（%）	農業産出額の内訳の一部（億円） 米	農業産出額の内訳の一部（億円） 果実	工業製造品出荷額（十億円）	小売業年間販売額（十億円）
A	109	9,323	32.9	850	705	2,922	1,198
B	126	9,646	32.6	513	790	1,936	1,472
C	186	13,784	30.9	747	250	5,157	2,184
D	124	15,275	32.5	561	99	2,543	1,409
宮城県	232	7,282	27.8	771	24	4,495	2,901
秋田県	98	11,638	36.4	1,007	69	1,390	1,156

※農業産出額は，農産物の生産数量に販売価格（補助金等を含む）をかけたもの。　　　　　　　　　　　　（2020年版「データでみる県勢」）

(5) 右の写真は，東北四大祭の１つである竿燈祭（かんとう）の様子である。竿燈祭が行われる県名を答えなさい。

〔岐阜・熊本・群馬－改〕

(1)	M
	N
(2)	
(3)	
(4)	A
	D
(5)	

┌ **ワンポイント** ┐
(1) Mは「日本の背骨」ともいわれる山脈である。
(2) 東北地方には北海道新幹線，東北新幹線，秋田新幹線，山形新幹線が通っている。
(5) 東北四大祭とは，竿燈のほかは青森のねぶた，仙（せん）台の七夕（たなばた），山形の花笠（はながさ）である。

2 [東北地方の産業] 略地図を見て，各問いに答えなさい。

(1) 略地図中のXの緯度（いど）を，次の**ア〜エ**から１つ選び，記号で答えなさい。

　　ア　北緯30度　　**イ**　北緯35度
　　ウ　北緯40度　　**エ**　北緯45度

重要 (2) 略地図中の←━━の風は，夏に
よく吹く風を表している。この
風の名称を答えなさい。

(3) 地図中の░░は，大規模な干
拓工事が行われ，日本有数の稲
作地帯となった。しかし，食生
活の洋風化にともない米が余る
ようになったため，1970年代に
国が米の生産調整を始め，この

(2019年)
2020/21年版
「日本国勢図会」

地域の農民の生活に大きな影響を与えた。この生産調整を何と
いうか，漢字で答えなさい。

(4) 1970年代，アメリカ合衆国，ソ連などの主要水産国は200海里漁
業水域を設けた。これによって，宮城県の漁業で最も深刻な影
響を受けたものを，次のア〜エから1つ選び，記号で答えなさい。
　ア　沖合漁業　　イ　遠洋漁業
　ウ　沿岸漁業　　エ　栽培漁業

重要 記述式 (5) 地図中の・印は東北地方のIC（集積回路）など電子部品工場の
分布を示したものである。これらの工場は交通の面から見て，
一般にどのようなところに進出しているか，簡潔に説明しなさ
い。
〔群馬－改〕

3 [東北地方の特色] 資料1・2を見て，各問いに答えなさい。

資料1

ア
イ　ウ
エ
オ
仙台市

資料2
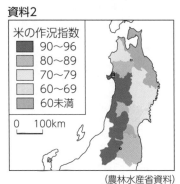
米の作況指数
90〜96
80〜89
70〜79
60〜69
60未満
0　　100km
(農林水産省資料)

(1) 資料1の仙台市は，宮城県の県庁所在都市である。東北地方に
は県名と県庁所在都市名が異なる県がもう1つある。その県を，
ア〜オから選び，その県庁所在地名を答えなさい。

記述式 (2) 資料2は，冷害があった2003年の東北地方の米の作況指数であ
る。太平洋側と日本海側の作況指数を比較し，その違いを答え，
その違いをもたらした原因を説明しなさい。
〔福井－改〕

2 (5)7点
他6点×4－31点

(1)	
(2)	
(3)	
(4)	
(5)	

ワンポイント
(1) Xの緯線と東経140度の
経線は大潟村で交わる。
(3) この地域はもともと八郎
潟という琵琶湖に次いで
日本で2番目に大きい湖
であったが，干拓により
大潟村ができた。

3 (5点×4－20点)

(1)	記号
	県庁所在地名
(2)	違い
	原因

23 北海道地方

重要点をつかもう

1 位置・あゆみ

日本の最北端，**アイヌ民族**，**屯田兵**による開拓。

2 自然の特色と人々の生活

冷帯(亜寒帯)，夏に**濃霧**，冬に**流氷**。火山灰土
→広大な畑作地，**泥炭地**を客土で改良→稲作，
全域で**酪農**(特に根釧台地)。自然→知床(世界
自然遺産)，釧路湿原(ラムサール条約)。

3 産業と地域

① **工業都市**　苫小牧の製紙・パルプ，市東部に
石油備蓄基地，室蘭の鉄鋼業，札幌・函館・
釧路の食料品工業。

② **北洋漁業の衰退**　1970年代，オイルショック(石油危機)や各国の200海里排他的経済水域の設定
による北洋漁業の縮小→魚介類の輸入量増大，**養殖漁業**・**栽培漁業**へ。

▲北海道地方の自然

Step 1 基本問題

解答▶別冊18ページ

1 **図解チェック** 地図の空所に適語を入れなさい。

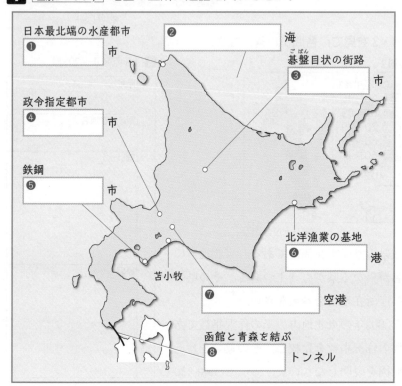

日本最北端の水産都市
❶ 　　　　　市

❷ 　　　　　海

碁盤目状の街路
❸ 　　　　　市

政令指定都市
❹ 　　　　　市

鉄鋼
❺ 　　　　　市

苫小牧

北洋漁業の基地
❻ 　　　　　港

❼ 　　　　　空港

函館と青森を結ぶ
❽ 　　　　　トンネル

Guide

くわしく　アイヌ民族
　かつて差別を受けて
いたアイヌ民族の人権や文化・
伝統の保護を目的に，1997年，
アイヌ文化振興法が成立した。
2019年にはアイヌ民族支援法
にかわり，法的な先住民族と
して，民族の誇りが尊重され
る社会をめざしている。

ことば　屯田兵
　1874年に北海道の開
拓と北方の警備のために設け
られた制度。軍事訓練をしな
がら土地を開拓していった。

くわしく　北洋漁業
　太平洋北部やオホー
ツク海，ベーリング海でさ
け・ます・かになどをとる漁
業。釧路・根室・稚内などが
おもな漁業基地。

2 [北海道の自然] 右の地図を見て，各問いに答えなさい。

(1) 右の略地図に示したように，池田町は（ X ）川が流れる（ X ）平野にあり，この平野の西側には（ Y ）山脈が南北に連なっている。X，Yにあてはまる語句を答えなさい。

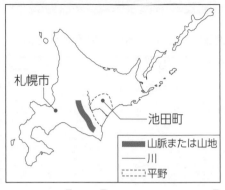

札幌市

池田町

■ 山脈または山地
─ 川
┈┈ 平野

X[　　　　　　　] Y[　　　　　　　]

(2) ラムサール条約に登録されている，タンチョウの繁殖地で有名な湿原を何といいますか。 [　　　　　　　]

(3) 北海道の工業製品出荷額の割合で多くを占めている工業は何ですか。 [　　　　　　　]

(4) 北海道南東部で夏になると発生する深い霧を何といいますか。 [　　　　　　　]

3 [北海道の農業] 右の地図を見て，各問いに答えなさい。

(1) 次の各文に合う地域を，地図のア～エからそれぞれ選び，記号で答えなさい。

ア

イ

ウ

エ

①帯広を中心とする平野で，大豆，あずき，てんさいなどが栽培されている。 [　　　]

②泥炭地の改良で米作がさかんになった。 [　　　]

③冬はかなり低温になるが，夏の高温を利用して米作がさかんである。 [　　　]

④火山灰土と冷涼な気候のために農耕には適さないが，大規模な酪農地帯に発展した。 [　　　]

(2) 連作を防ぎ，さまざまな作物を決まった順序で栽培する方法を何といいますか。 [　　　　　　　]

くわしく **ラムサール条約**
イランのラムサールで採択された「特に水鳥の生息地として国際的に重要な湿地に関する条約」のこと。日本では52か所が登録され，北海道では13か所が登録されている（2020年現在）。

ことば ■**新酪農村**
1973年から根釧台地に建設が始められた大規模な模範農場。
■**パイロットファーム**
新酪農村の開発以前の1955年に根釧台地につくられた実験農場で，北ヨーロッパ式の酪農を中心とする農業をめざした。

くわしく **十勝平野**
北海道南東部にある盆地状の平野である。ここでは豆類やてんさい，じゃがいもなどが栽培されている。

ことば ■**泥炭地**
沼地や湿地の植物が，寒冷なために枯れてもくさらないまま，積み重なってできた低湿な土地。水はけが悪く，やせた土地で，農業に適さない。
■**連作**
同一の農地で同一の作物を何度もくり返し栽培すること。しだいに農作物の生育が悪くなる。

解答▶別冊18ページ

1 [北海道の漁業] 海洋と漁業について，各問いに答えなさい。

1 (10点×5－50点)

(1) 右の略地図を見て，次の各問いに答えなさい。

重要 ①図中の──→は，この海域における海流を示している。この海流を何といいますか。

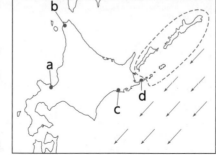

②図中の**a～d**は，北海道のおもな漁港の位置を示している。これらのうち，水揚げ量が最も多い漁港はどれか。**a～d**から1つ選び，記号で答えなさい。

③図中の**c**や**d**の漁港の沖合では，──→で示した海流とその上を吹く風により，夏に濃霧が発生し，沿岸部の農業に影響を及ぼすことがある。この害を次の**ア～エ**から1つ選び，記号で答えなさい。

ア 干害　**イ** 雪害
ウ 冷害　**エ** 霜害

重要 ④図中の⬭で囲んだ島々をめぐる日本とロシアとの間の問題は，この近海の漁業にも影響を及ぼしている。日本がロシアに返還を求めているこれらの島々をまとめて何というか，答えなさい。

(2) 右のグラフ中の**B**は何の生産量の変化を示しているか，次の**ア～エ**から1つ選び，記号で答えなさい。

ア 沿岸漁業
イ 海面養殖業
ウ 沖合漁業
エ 遠洋漁業

[奈良－改]

<table>
<tr><td>(1)</td><td>①</td></tr>
<tr><td></td><td>②</td></tr>
<tr><td></td><td>③</td></tr>
<tr><td></td><td>④</td></tr>
<tr><td colspan="2">(2)</td></tr>
</table>

> ┌ワンポイント┐
> (1) ①オホーツク海から南下している寒流である。
> 　③ 霜のために，農作物が被害を受けることを霜害といい，濃霧とは関係がない。
> (2) 現在，海面漁業では最低になっている。

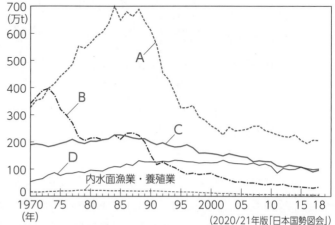

(2020/21年版「日本国勢図会」)

重要 **2** [北海道の自然と産業] 次の資料は，北海道の気候と産業について，まとめたものである。この資料について，各問いに答えなさい。

資料

〈気候〉

冷帯(亜寒帯)に区分される。東部と西部とでは，夏の気温や_X冬の降水量に違いが見られる。

〈農業〉

| Y |

〈漁業〉

周辺の海は豊かな漁場で，漁獲量が多い。しかし，時代によって_Z漁獲量やとれる魚の種類の割合は変化している。

(1) 右の地図中Pの道庁所在地名を答えなさい。

記述式 🖋 (2) 下線部Xについて，東部と西部でどのような違いがあるか，地図を参考に「季節風」という語句を使って説明しなさい。

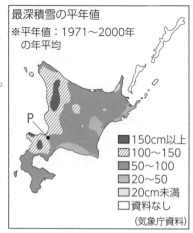

最深積雪の平年値
※平年値：1971～2000年の年平均

- 150cm以上
- 100～150
- 50～100
- 20～50
- 20cm未満
- 資料なし

(気象庁資料)

(3) 次のア～エは，北海道，千葉県，兵庫県，高知県のいずれかの農業の特色について述べたものである。資料中 Y にあてはまるものを選び，記号で答えなさい。

ア 大消費地への近さをいかし，きゅうり・トマトなど，新鮮さが求められる野菜の栽培がさかんである。

イ 1年を通して温暖な気候であることを利用して，他県の産地と出荷時期をずらした野菜の栽培がさかんである。

ウ 大型の機械を利用して広大な土地を耕作する大規模経営によるじゃがいも，たまねぎなどの野菜の栽培がさかんである。

エ 北部は肉牛の飼育がさかんで，人口が集中し交通網が発達している南部は野菜や花きの栽培がさかんである。

記述式 🖋 (4) 下線部Zについて，右のグラフから北海道の漁獲量に占めるすけとうだらの割合が減少していることがわかる。この理由を「排他的経済水域」と「遠洋漁業」の語句を使い，説明しなさい。

〔岩手－改〕

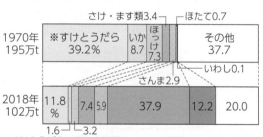

さけ・ます類3.4　ほたて0.7

1970年195万t	※すけとうだら39.2%	いか8.7	ほっけ7.3		その他37.7

いわし0.1

2018年102万t	11.8%	7.4	5.9	さんま2.9　37.9	12.2	20.0

1.6　3.2

※すけとうだらのおもな漁場は，ロシア沿岸やアメリカ合衆国のアラスカ沿岸の海である。

(平成30年版「北海道水産現勢」など)

2 ((2)・(4) 15×2点
他 10点×2－50点)

(1)	
(2)	
(3)	
(4)	

ワンポイント

(1) 道庁所在地でもあり，政令指定都市でもある。北海道の人口の大部分がこの市に集中している。

(2) 積雪が多いということは，降雪量が多いということ。

(4) すけとうだらは北太平洋やオホーツク海，ベーリング海といった北洋漁場に生息する魚である。

Step ③ 実力問題 ③

【 月 日】

時間	合格点	得点
30分	70点	点

解答▶別冊18ページ

1 右の略地図を見て，各問いに答えなさい。(35点)

(1) リアス海岸が見られる三陸海岸を含む略地図中のXの県名を漢字で答えなさい。(5点)

記述 (2) 略地図中の⬭の関東平野には，扇状地や三角州が見られる。これらの地形がどのようにして形成されたのかを，「河川」という語句を使って説明しなさい。(5点)

X，A〜Dは県を示す。
大館市
A
X
B
C
D
東京都

難問 (3) 次のグラフは，略地図中のA〜Dのいずれかの県の農業産出額と，それに占める米，野菜，果実，畜産の割合を示したものである。B県とD県にあてはまるものを，ア〜エから1つずつ選び，記号で答えなさい。(各5点)

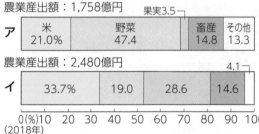

農業産出額：1,758億円　　　　果実3.5
ア | 米 21.0% | 野菜 47.4 | 畜産 14.8 | その他 13.3

農業産出額：2,480億円　　　　　　　4.1
イ | 33.7% | 19.0 | 28.6 | 14.6

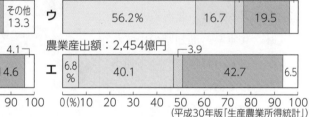

農業産出額：1,843億円　　　3.9　　3.7
ウ | 56.2% | 16.7 | 19.5

農業産出額：2,454億円　　　3.9
エ | 6.8% | 40.1 | 42.7 | 6.5

0(%)10 20 30 40 50 60 70 80 90 100
(2018年)
(平成30年版「生産農業所得統計」)

重要 (4) 下の表は，略地図中のC，D県と東京都の昼夜間人口比率を示したものである。C県にあてはまるものを，ア〜ウから1つ選び，記号で答えなさい。(5点)

記述 (5) 略地図中の大館市の月別平均気温と月別降水量を示したものを，下の雨温図のア〜ウから1つ選び，記号で答えなさい。また，下の写真は大館市の伝統的工芸品である。東北地方や北陸地方において，このような伝統的工芸品づくりが副業として発達した理由を，雨温図を参考にして気候の面から説明しなさい。(各5点)

〔鹿児島－改〕

	昼夜間人口比率(%)※ (2015年)
ア	99.8
イ	117.8
ウ	88.9

※ (昼間人口/夜間人口)×100
(2020年版「地理統計要覧」)

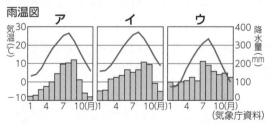

雨温図 ア イ ウ

写真

(1)			(2)	
(3)	B	D	(4)	
(5)	記号	理由		

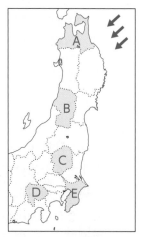

2 右の略地図を見て，各問いに答えなさい。（A～Eは県を示している。）(35点)

重要 (1) 略地図中の ⬅ は，北海道から東北地方の太平洋岸にかけて北東方向から吹く，冷たいしめった風を示している。これは，冷夏の原因になることがある。この風の名称を答えなさい。(5点)

(2) 東北地方を代表する伝統的な祭りについて，A県に最も関係のあるものを，次のア～エから1つ選び，記号で答えなさい。(5点)

ア さんさ踊り　　**イ** ねぶた祭
ウ 竿燈まつり　　**エ** 花笠まつり

(3) グラフ1は，B，C，E県の第一次，第二次，第三次産業別の就業者の割合を表している。B県にあてはまるグラフを，ア～ウから1つ選び，記号で答えなさい。(5点)

グラフ1 B，C，E県の第一次，第二次，第三次産業別の就業者の割合

| ア | 第二次28.5 | 第三次63.1 |
第一次8.4%

| イ | 30.6 | 64.0 |
5.4%

| ウ | 19.6 | 77.6 |
2.8% ※四捨五入の関係で100%にならない場合がある。
(2017年) (2020年版「データでみる県勢」)

表1 A～E県の米とねぎの収穫量，乳用牛の飼養頭数，森林面積

	米(t) (2018年)	ねぎ(t) (2018年)	乳用牛(頭) (2019年)	森林面積(千ha) (2015年)
ア	301,400	62,600	29,400	157
イ	374,100	9,410	11,200	641
ウ	263,400	12,800	11,700	616
エ	321,800	11,900	51,900	341
オ	26,600	ー	3,470	347

注 ーはデータなし (2020年版「データでみる県勢」)

難問 (4) 表1は，A～E県の米とねぎの収穫量，乳用牛の飼養頭数，森林面積を表している。C県にあてはまるものを，ア～オから1つ選び，記号で答えなさい。(5点)

(5) D県の県庁がある盆地には，川が山間部から平地に出たところに土砂が堆積して形成された地形が多く見られる。この地形はおもに何に利用されているか。簡潔に答えなさい。(5点)

記述式 (6) グラフ2を見て，E県の工業出荷額の内訳を他の4県と比較し，その特徴を「輸入」という語句を用いて，「石油などの」の書き出しに続けて答えなさい。(10点)　　　　〔福島－改〕

グラフ2 A～E県の工業出荷額の内訳(2017年)

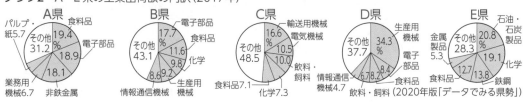

(2020年版「データでみる県勢」)

(1)	(2)	(3)	(4)	(5)

(6) （石油などの）

3 北海道地方について，次の各問いに答えなさい。(30点)

重要 (1) 次のページの文は生徒が北海道について調べたものの一部である。文中の空所にあてはまる民族名は何か，答えなさい。(5点)

・北海道という名称は，三重県出身の松浦武四郎（まつうらたけしろう）が「北加伊道（ほっかいどう）」と提案したことによる。
・松浦武四郎が提案した「北加伊道」の名称は，この地の先住民である（　　　　）を指す古いことばが「カイ」であるという話を，天塩川（てしおがわ）を調査した際に地元の古老から聞いたことによる。

(2) 右の地図は，北緯41度〜45度，東経140度〜144度の地域について，緯線と経線をそれぞれ1度ずつ区切って示したものである。また，下の資料は，函館市（はこだてし）と旭川市（あさひかわし）の市役所の緯度と経度をそれぞれ示したものである。地図中のA〜Dと1〜4を用いて，函館市の市役所の位置を『A4』と表す場合，旭川市の市役所の位置はどのように表されるか，答えなさい。（5点）

資料
・函館市…北緯41度46分，東経140度44分
・旭川市…北緯43度46分，東経142度22分

難問 (3) 右の2つのグラフは，北海道地方と関東地方の農業産出額の内訳であり，A〜Dは米，野菜，畜産（ちく）物，果実のいずれかを示したものである。このうち，Aで示した農作物として最も適切なものを，次のア〜エから1つ選び，記号で答えなさい。（10点）

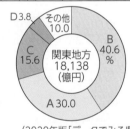

北海道地方
12,762（億円）
A 57.0%
B 16.6
C 10.0
D 0.5
その他 15.9
（2017年）

関東地方
18,138（億円）
B 40.6%
A 30.0
C 15.6
D 3.8
その他 10.0
（2020年版「データでみる県勢」）

ア　米　　　イ　野菜
ウ　畜産物　エ　果実

(4) 次の表は北海道における乳用牛の飼育頭数と飼育農家戸数の推移（すい）を示したものである。表から読みとれる内容として適切なものを，次のア〜エから1つ選び，記号で答えなさい。（10点）

ア　一戸あたりの飼育頭数は増減をくり返している。

イ　一戸あたりの飼育頭数は2000年が最も多くなっている。

	1995年	2000年	2005年	2019年
飼育頭数（千頭）	883	867	858	801
飼育農家戸数（百戸）	119	100	88	60

（2020年版「データでみる県勢」など）

ウ　一戸あたりの飼育頭数は増加しており，経営規模は大きくなってきている。

エ　一戸あたりの飼育頭数は減少しており，経営規模は小さくなってきている。

〔和歌山・三重一改〕

(1)	(2)	(3)	(4)

ヒント
❶(2) 扇状地（せんじょうち）と三角州（さんかくす）の形成過程で共通する点はどんな点か。
(4) 昼夜間人口比率が高いということは，通勤，通学者が多くやってくるということ。
❷(6) 化学工業に着目する。

〔写真提供〕　福岡市　Pixabay　PIXTA　ほか

標準問題集
中学地理
解答編

第1章　世界と日本の地域構成

1 地球儀と世界地図

1 ❶ 北極点　❷ 本初子午　❸ 緯線　❹ 経線
　　❺ 南極点　❻ 赤道

2 (1) イギリス
　(2) 緯度―北緯60(度)　経度―東経100(度)
　(3) 最も長いもの―B　最も短いもの―A
　(4) ① 垂直(直角)　② 大きく

3 (1) 正距方位図法　(2) 距離・方位(順不同)
　(3) ア

解説

1 基本的な用語なので，覚えていなければ何回もチェックしておこう。
　　❷ 本初子午線はイギリスのロンドン郊外にある旧グリニッジ天文台を通っている。

2 (2) 緯度は横の線を左にたどり，縦軸の数値を読み取る。経度は縦の線を下にたどり横軸の数値を読み取る。緯度0度の赤道より北が**北緯**，南が**南緯**，経度0度の本初子午線より東へ180度までが**東経**，西へ180度までが**西経**である。
　(3) 緯線と経線が垂直に交わったメルカトル図法では，緯度が高くなるほど，実際の距離・面積よりも拡大されて表される。したがって，実際の距離が最も長いのは赤道上のB，最も短いのは最も緯度が高いAとなる。

3 (1)(2) 地図1は，中心の東京からの距離と方位が正しく示される**正距方位図法**である。この図法では，中心以外の地点からの距離や方位は正しくない。
　(3) 地図1の正距方位図法で，東京とノーフォークを直線で結んだものが最短ルートを表すので，その直線がどこを通るのかを確認する。アラスカから北アメリカ大陸北部を通ることをとらえる。

1 (1) X―本初子午線　Y―赤道　(2) 白夜　(3) ウ
　(4) ① シドニー　② シアトル

2 (1)

　(2) ア　(3) D
　(4) 〔解答例〕緯度が高くなるほど，実際よりも面積が大きく表される。

3 (1) イ　(2) ア

解説

1 (2) 北半球の夏の現象。地軸が傾いていることから見られる現象である。南半球の夏にも同様の現象が見られる。
　(3) ア．Cは熱帯か高山帯と考えられる。イ．Aへの移動には日付変更線は通過しない。
　(4) ① 南半球に位置するオーストラリアは，日本と季節が逆になる。② イギリスのロンドン郊外を通る本初子午線より東側が東経，西側が西経になる。

2 (2) 地図1で，佐賀・ニューヨークの最短コースが，太平洋を横切らず，北海道の北のオホーツク海やカナダなどを通っていることを読み取る。
　(3) 佐賀はおよそ北緯33度，東経130度なので，地球上の反対地点は，南緯33度，西経50度あたりとなる。地球上で日本の反対側が南アメリカ大陸南部の大西洋側であることは覚えておこう。
　(4) 地図2は，面積が正確に表せない図法である。

3 (1) ア．A国のアメリカ合衆国は，日本よりもはるかに広大な国土面積を持っていることから，人口密度は日本よりも低いと考えられる。ウ．XもYも北半球にあるので，地球上の反対側の地点ではない。

2　世界の国々と地域区分

Step 1 解答　　　　　　　　　　p.6〜p.7

1 ❶ 北アメリカ　❷ 大西洋　❸ ユーラシア
❹ 太平洋　❺ 南アメリカ　❻ アフリカ
❼ 南極　　❽ インド洋　❾ オーストラリア

2 (1) ユーラシア大陸
(2) 面積―ロシア(連邦)　人口―中国
(3) アメリカ(合衆国)

3 (1) カ　(2) 南アメリカ大陸・アフリカ大陸
(順不同)
(3) 国名―ニュージーランド
州―オセアニア州

解説

1 ❸ ユーラシア大陸はアジア州とヨーロッパ州
の２つに分けられる。

2 (1) アジア州に属する中国・インド・イラン・日本
の４か国，ヨーロッパ州に属するイタリア・ス
ペイン・ドイツ・フランス・イギリスの５か国，
アジア州とヨーロッパ州にまたがるロシアの合
計10か国がユーラシア大陸に位置している。

3 (3) オーストラリア大陸の近くの島国で，東に位置
しているのはニュージーランドである。

Step 2 解答　　　　　　　　　　p.8〜p.9

1 (1) ウ
(2) 〔解答例〕植民地時代にヨーロッパ諸国が民
族の分布には関係なく，緯線や経線を利用
して国境線を引いたから。

2 (1) A―アジア州　　B―北アメリカ州
C―オセアニア州　D―南アメリカ州
(2) 南極大陸　(3) D

3 (1) P―ユーラシア　Q―バチカン市国
(2) エ　(3) D　(4) イ

解説

1 (1) アジア州には，人口が世界１位の中国や世界
２位のインドがあり，また，２億人以上の人口に
なったインドネシアやパキスタンもある。
(2) 緯線や経線を利用して国境線を引いた結果，一
つの国のなかで複数の異なった民族が暮らすこ
とになった。

2 (1) Aはサウジアラビア，Bはアメリカ合衆国，C
はオーストラリア，Dはブラジルである。

(3) Ⅰの「おもに使われている言語」とはポルトガ
ル語，Ⅲの「大きな河川」とはアマゾン川のこ
とである。

3 (1) バチカン市国は，イタリアの首都ローマ市内に
ある。
(2) Xの緯度は，日本の北海道南部と同じくらいで
ある。
(4) Bのコンゴ民主共和国は，赤道近くにあり，本
初子午線よりやや東に位置していることを読み
取る。

✓ 用語チェック ▶ 国　境

国と国の境界のこと。山・川・海などの自然物
を利用したものと，人為的につくられた壁や緯
線・経線などを利用したものとに分けられる。

3　日本の地域機構

Step 1 解答　　　　　　　　　　p.10〜p.11

1 ❶ ユーラシア　❷ 択捉　❸ 太平洋
❹ 与那国　❺ 沖ノ鳥　❻ 南鳥　❼ 200

2 (1) ウ　(2) イ　(3) エ

3 (1) 東経135度　(2) ① 15　② 本初子午線　③ 9
(3) 9月30日午後9時

4 (1) 近畿地方　(2) 高松市

解説

1 ❶ ユーラシア大陸はアジア州とヨーロッパ州の２
つの州に分けられる。
❷ 択捉島は北方領土の１つで，日本はロシアにこ
れらの領土の返還を求めている。
❺ 日本は，沖ノ鳥島の周囲に約40万 km² の排他的
経済水域が確保できる。

2 (1) 領空は，領土と領海の上空で，その国の主権が
及ぶ空間のことである。領空は大気圏内とされ，
その外側の宇宙空間にはどの国の領空権も及ば
ない。
(3) 1海里は約 1,852 m なので，200海里は約 370 km
となる。

3 (1) 日本は，兵庫県明石市を通る東経135度を標準時
子午線としている。東経135度で太陽が真南にき
たとき，全国一律正午としている。
(2) ① 360(度)÷24(時間)=15(度)。② 本初子午線
は，世界の時刻を決める経線である。

③ 日本とイギリスの経度差は 135（度）－0（度）。135（度）÷15（度）＝9（時間）。**時差＝経度差÷15**。

(3) ロンドンは東京より9時間遅（おそ）い時刻。10月1日の前日は9月30日なので注意。日本から西の方向へ日付変更線（ひづけへんこうせん）までの地域は，日本より遅い時刻。

Step 2 　解答	p.12～p.13

1 (1) 環太平洋造山帯（かん）　(2) ① 12　② 200
　　 (3) B—択捉島（えとろふ）　C—与那国島（よなぐに）

2 a

3 (1) c　(2) 石川県

4 (1) ク　(2) 135　(3) エ　(4) 38　(5) イ

5 12月2日午後10時

解説

1 (1) 日本列島は**環太平洋造山帯**の一部なので，火山や地震（じしん）が多い。

(3) B. 日本の本州，北海道，四国，九州を除く島の中で面積が最も大きい日本最北端（さいほくたん）の島。C. 日本最西端の島で，沖縄県（おきなわ）に属している。

4 基本事項なので確実にしておこう。

5 日本とサンフランシスコの経度差は135（度）＋120（度）＝255（度），時差は 255（度）÷15（度）＝17時間。日本到着（とうちゃく）時刻はサンフランシスコ時間で12月2日午前5時。日本のほうがサンフランシスコより東に位置しており，日本のほうが17時間進んだ時刻。

Step 3 　解答	p.14～p.15

1 (1) エ　(2) 記号—C　国名—ブラジル
　　 (3) L　(4) エ

2 (1) ① 北方　② 択捉（えとろふ）　(2) イ　(3) イ
　　 (4) 都道府県名—群馬県
　　　　都道府県庁所在都市名—前橋市
　　 (5) 12時間30分

解説

2 (2) 北緯40度の緯線は，秋田県の男鹿半島（おが），八郎潟（はちろうがた）（大潟村（おおがたむら））のあたりを通る。

(3) 南鳥島は東端，沖ノ鳥島は南端。

(4) 関東地方の内陸県は，埼玉県，群馬県，栃木県の3県。この3県は県庁所在都市名が県名と異なっている。このうち，新潟県と接しているのは群馬県のみである。

(5) 日本とニューヨークの2都市間の経度の差は 135＋75＝210（度）となり，時差は 210÷

15＝14（時間）となる。ニューヨークは西経の都市で，東経の日本よりも日時は遅いため，成田国際空港を出発する12月1日午後4時40分から14時間を引くことで，出発時のニューヨークは12月1日午前2時40分とわかる。ニューヨークの現地には同日の午後3時10分に到着しているので，午前2時40分から午後3時10分までの時間（12時間30分）がフライト時間となる。

第2章　世界のさまざまな地域

4　世界各地の人々の生活と環境

Step 1 　解答	p.16～p.17

1 ❶ 冷帯（亜寒帯）（あ）　❷ 熱帯
　　 ❸ 乾燥帯　❹ 温帯

2 (1) タイガ　(2) 遊牧　(3) プランテーション
　　 (4) ポルトガル語

3 (1) エ　(2) ウ　(3) ア

解説

1 ❶ はモスクワ，❷ はシンガポール，❸ はカイロ，❹ は東京の雨温図である。

2 (2) ベドウィンは西アジア，北アフリカの砂漠（さばく）で遊牧生活を営む人々であり，イスラム教を信仰（しんこう）している。

(3) この地域を植民地にしたヨーロッパの国々が，輸出用作物の栽培（さいばい）のために開いた。

(4) ブラジルはかつてポルトガルの植民地だったため，公用語はポルトガル語となっている。

3 (1) 地中海沿いの住居は，夏の強い日差しを防ぐために，白い石づくりの住居が多い。

Step 2 　解答	p.18～p.19

1 (1) イ　(2) ウ

2 (1) イ　(2) X 語—C　Y 教—A　(3) ウ

解説

1 (1) 長江下流域は温帯に属するため，**イ**である。

(2) イスラム教徒が食べないのは豚の肉である。

2 (1) 100％寒帯の**エ**は南極大陸。5つのすべての気候があ**ア**は面積が最大のユーラシア大陸。熱帯の割合が高い**イ**がアフリカ大陸，乾燥帯の割合が高い**ウ**がオーストラリア大陸。

(3) 稲作（いなさく）がさかんなベトナムでは，ブンやフォーと呼ばれる米を加工しためんを食べる。

5 アジア

Step 1　解答	p.20〜p.21

1 ❶ デカン　❷ チベット　❸ ヒマラヤ
❹ メコン　❺ バンガロール
❻ ペルシア(ペルシャ)　❼ メッカ

2 (1) 季節風(モンスーン)　(2) アジアNIES(新興工業経済地域)　(3) 一人っ子政策
(4) ヒンドゥー教　(5) OPEC(石油輸出国機構)

3 (1) 華人　(2) ASEAN(東南アジア諸国連合)
(3) ■—ア　▲—エ　(4) プランテーション

解説

2 (1) 季節風(モンスーン)の影響を受ける東アジア・東南アジア・南アジアの地域では，稲作が発達している。
(2) 現在，韓国，台湾，ホンコン，シンガポールは発展途上国を脱却し，先進国(地域)・高所得国(地域)とみなされている。
(3) 地図中Yの中国は，人口約14億3,378万人(2019年現在)をかかえているが，2015年まで行われていた一人っ子政策によって人口の伸びはにぶってきており，人口約13億6,642万人をかかえる地図中Zのインドが10年以内には人口1位になるだろうと国連の人口推計では見通している。
(4) 1947年にイギリスから独立するとき，イスラム教国のパキスタンとヒンドゥー教国のインドとに分離独立した。

3 (1) 海外に住む中国系住民で，その国の国籍を取得した人々を指す。
(2) 本部はインドネシアのジャカルタに置かれている。東南アジアは，経済的に急成長を遂げている地域であり，人口規模はEUやUSMCA(旧NAFTA)より大きい。
(4) フィリピンのバナナやタイ，インドネシアの天然ゴムなど，プランテーションで栽培された農作物は，現在もその国の主要輸出品となっている。

Step 2　解答	p.22〜p.23

1 (1) A　(2) ① B　② E　③ C　④ A　⑤ D
(3) 経済特区　(4) ① ウ　② エ

2 (1) ASEAN　(2) 〔解答例〕機械類や石油製品であり，工業化が進んだ。

解説

1 (2) ① 世界人口は約70億人であるから，その5分の1は約14億人となる。Bの東アジアに位置する国は，中国や日本，韓国などがあり，中国は東部の臨海部に人口が集中している。② Eの東南アジアはインドシナ半島では仏教，マレー半島とインドネシアではイスラム教が広く信仰されている。③ Cの西アジアにはイスラム教の聖地メッカがサウジアラビアにある。④ Aの中央アジアにはウズベキスタンやカザフスタンなど「スタン」が語尾につく国が多く，イスラム教国が多い。⑤ Dの南アジアのパキスタン，インド，バングラデシュは人口1億人を超えている。
(4) ① 小麦は比較的乾燥に強いので，ウの中央アジアでも栽培されている。② 自動車生産台数世界1位の中国と3位の日本(2019年)に彩色されているエを選ぶ。なお，アは米の生産量，イは原油生産量上位国である。

2 (2) おもな輸出品が鉱産資源から工業製品に変わった点に着目する。

6 ヨーロッパ ①

Step 1　解答	p.24〜p.25

1 ❶ イギリス　❷ 北海
❸ スカンディナビア　❹ ドイツ
❺ 北大西洋　❻ フランス
❼ ユーロ(英仏海峡)　❽ 地中

2 (1) フィヨルド　(2) 偏西風　(3) 地中海式農業
(4) 混合農業　(5) ライン川　(6) 国際河川

3 (1) ア　(2) オ　(3) ユーロ　(4) ブリュッセル
(5) スラブ民族　(6) キリスト教
(7) ユーロスター

解説

1 ❹ ドイツでは，豊富な石炭，ライン川の水運などにより，古くからルール工業地域を中心に工業が発達している。

2 (1) 氷河によって侵食された谷(U字谷)に海水が入ってできた地形である。
(2) 暖流の北大西洋海流とその上をふく偏西風によって，ロンドンは札幌より高緯度にあるが，札幌より温暖である。
(3) 夏は乾燥に強いオリーブやぶどう，冬の降水量

のある時期には小麦の栽培を行う。

(4) ヨーロッパでは，地中海式農業，混合農業，酪農がさかんに行われている。

(5)・(6) 2か国以上の国を貫流している河川で，外国船の自由な航行が認められている。

3 (1) イギリスでは，18世紀後半に世界にさきがけて産業革命がおこった。

(2) **オ**のノルウェーはEUに加盟していない。

(3) 共通通貨を採用すれば，両替の必要がなくなる。

(4) ブリュッセルはベルギーの首都で，EUの本部が置かれている。

(5) ゲルマン系民族はおもに北ヨーロッパ，ラテン系民族は南ヨーロッパ，スラブ系民族は東ヨーロッパや旧ソ連にそれぞれ分布している。

(7) ドーバー海峡に開通している鉄道専用の海底トンネル(ユーロトンネル)を通る。

✓ **用語 チェック ▶ 偏西風**

海面に近いところを西から東に向かって吹く風で，中緯度地方では常に吹いている。日本より高緯度に位置しているヨーロッパが比較的温暖であるのは，偏西風が暖流の北大西洋海流の上空を通過し，暖かい空気を運ぶことによる。

Step 2　解答　　　p.26〜p.27

1 (1) ウ　(2) フィヨルド　(3) 北海　(4) イ

2 (1) ユーロ　(2) 〔解答例〕EU域内では関税がかからず，国境をこえての物資の移動が自由にできるから。

(3) 〔解答例〕東ヨーロッパ諸国は，西ヨーロッパ諸国に比べて，賃金が安いから。

(4) ウ

3 (1) 〔解答例〕氷河によってけずられてできた谷に海水が入りこんでつくられた。

(2) 〔解答例〕X港の付近には，暖流である北大西洋海流が流れているから。

解説

1 (4) **イ**のような農業を混合農業といい，ヨーロッパで広く行われている。なお，**ア**はヨーロッパ北部や**アルプス山脈**周辺，**ウ**はイタリアやスペインなどの地中海沿岸，**エ**は南アメリカ大陸のアンデス山脈で行われている農業の特色である。

2 (2) 国境をこえた形での技術協力もたやすくなった。

---

(3) ポーランド・クロアチア・チェコ・ルーマニアといった東ヨーロッパ諸国の最低賃金が低いことに着目し，人件費をおさえるために東ヨーロッパ諸国に工場を移転していると考える。

(4) 人口を手がかりに考える。**ア**は人口世界1位(2019年)の中国，**イ**はアメリカ合衆国，**エ**は日本。

3 (1) 氷河でけずられてできた谷に海水が入り込んでできた地形である。

(2) 北大西洋海流は，北大西洋を南西から北東へ流れる暖流で，イギリス，フランスのほかスカンディナビア半島などの寒さも和らげている。

✓ **用語 チェック ▶ パークアンドライド**

最寄りの鉄道駅に駐車し，そこから列車などで通勤・通学する取り組みをパークアンドライドという。ドイツのミュンヘンなどの都市で行われている。

7　ヨーロッパ ②，アフリカ

Step 1　解答　　　p.28〜p.29

1 ❶ ナイジェリア　❷ エジプト　❸ サハラ
❹ 南アフリカ共和国　❺ サヘル　❻ ギニア

2 (1) ウラル山脈　(2) イ　(3) ソビエト連邦
(4) タイガ　(5) スラブ系

3 (1) ナイル川　(2) アパルトヘイト(人種隔離政策)　(3) カカオ(豆)　(4) レアメタル
(5) モノカルチャー経済　(6) AU

解説

1 ❶ およそ2億人(2019年)で，アフリカ大陸で第1位。

❷ 古代，ナイル川流域にエジプト文明が栄えた。

❸ サハラ砂漠は，アフリカ大陸の面積の約3分の1を占める。

❹ マンガン・クロムの生産量は世界第1位である(マンガンは2015年，クロムは2017年)。

❺ サハラ砂漠の南側に広がる地域で，近年人口増加，家畜の過放牧，干ばつなどにより，砂漠化の進行が著しい。

❻ 16〜19世紀には，多くの奴隷がアメリカ大陸などに送られた。

3 (2) 選挙権は白人に限られ，居住地域が明確に区分されていた。人種の異なる男女の結婚は禁じられるなど，さまざまな差別規定があった。

(3) 植民地時代に，ヨーロッパ人がヨーロッパに輸出するために大農園（プランテーション）で栽培していたコーヒーやカカオは，現在もアフリカ州の国々の主要な輸出品である。

(5) 第一次産品が多く，国際市場の取り引き価格の変動が大きいことから，国の経済は安定しない。

(6) African Union（アフリカ連合）。

Step 2　解答　　　p.30～p.31

1 (1) 永久凍土　(2) パイプライン　(3) イ　(4) ウ

2 (1) ウ　(2) ア　(3) ウ

(4) エ　(5)〔解答例〕かつて，植民地支配していた国がヨーロッパの国で，その国の言語を今も使用しているから。　(6) エ

解説

1 (3) ロシアは小麦の輸出量が世界1位である（2017年）。

(4) ウ．正教会はおもに東ヨーロッパの地域で信仰されている。

2 (1) ア・イの砂漠はアジアにあり，エの砂漠はアフリカ南部にある。

(2) ア．モンスーンは雨季と乾季をもたらす風であり，モンスーンが影響を及ぼす地域はアフリカ東岸である。

(3) 気温の折れ線グラフに注目する。アは北半球，イは南半球，ウは赤道直下のグラフである。

(6) アはヨーロッパ連合，イは政府開発援助，ウは東南アジア諸国連合の略称である。

Step 3①　解答　　　p.32～p.33

1 (1)〔解答例〕エネルギーを得るために，環境にやさしい風力発電を重視している。

(2) ウ　(3) ア

(4)〔解答例〕気温が高く，降水量が少ない。

(5) アルプス=ヒマラヤ

2 (1) ウ　(2) ASEAN（東南アジア諸国連合）

(3) X―小麦　Y―米　Z―とうもろこし

(4)〔解答例〕時差を利用し，企業として24時間仕事が稼働する状況がつくれるから。

(5)〔解答例〕アフリカ諸国が次々に独立をはたしたから。

解説

1 (1) 石油・石炭といった化石燃料は資源として限りがあるうえ，燃焼時に発生する二酸化炭素が地球温暖化に結びつくと問題になっている。資料1の風車を利用した風力発電をはじめ，太陽光，地熱などの自然を利用した再生可能エネルギーは，枯渇せず，地球環境にも優しいと，近年注目されている。

(3) 温暖で，夏の降水量が少ないアがローマ。

(5) 地球上にはもう一つ，環太平洋造山帯があり，日本もこの造山帯の一部を構成している。

2 (3) 巨大な人口をかかえる中国，インド以外の国を比較し，検討する。欧米諸国が見られるXは小麦，アジア諸国ばかりのYは米，南北アメリカ大陸の国々が見られるZはとうもろこしである。

(5) 第二次世界大戦前，アフリカには独立国がわずか4か国だった。独立国が一気に26か国にまで増加した1960年は「アフリカの年」といわれる。

8　北アメリカ

Step 1　解答　　　p.34～p.35

1 ❶ ロッキー　❷ デトロイト　❸ 五大湖
❹ メガロポリス　❺ ピッツバーグ
❻ ロサンゼルス　❼ シリコンバレー
❽ ヒューストン

2 (1) ハリケーン　(2) サンベルト　(3) 多国籍企業
(4) スラム　(5) ヒスパニック　(6) カナダ
(7) USMCA

3 (1) ① オ　② ア　③ エ　④ ウ　⑤ イ
(2) 西経100度　(3) プレーリー　(4) 適地適作

解説

1 ❶ 環太平洋造山帯を構成する。

❹ アメリカ合衆国の大西洋岸にはボストンからワシントンまで大都市が連なり，ひと続きの帯状の都市域をつくっている。

❼ サンフランシスコ近郊にある世界的なICT関連産業地域である。

2 (1) 日本では台風，インドではサイクロンという。

(2) 温暖で，広い土地があり，労働力が豊富である。

(4) スラムはアメリカ合衆国特有のものではなく，世界各地の都市部に見られる。

(5) スペイン語を話す中南アメリカからの移民であ

る。

(6) 国土の多くが北極圏にあり，人々はアメリカ合衆国との国境近くに住む。

(7) アメリカ合衆国，メキシコ，カナダの3国による米国・メキシコ・カナダ協定のこと。

③ (1) アメリカ合衆国の農業分布は，地域の自然環境に合った農産物を栽培する**適地適作**なので，位置をしっかり確認しておこう。

(3) プレーリーの西側にある大平原はグレートプレーンズと呼ばれ，牛の放牧がさかんに行われている。

✅ 用語チェック ▶ メガロポリス

アメリカ合衆国の大西洋岸に位置するボストン～ニューヨーク～ワシントンD.C.にいたるまでの約700 kmにわたる都市群。巨帯都市とも呼ばれる。

Step 2 解答 p.36～p.37

❶ (1) **ウ** (2) **シリコンバレー** (3) **ウ**
(4) **春小麦地帯** (5) **D**
(6) 国名—**スペイン** 記号—**ア**
❷ (1) **エ** (2) **ア** (3) **ウ**
❸ (1) 〔解答例〕斜線の州には，**環太平洋造山帯(変動帯)**に属するロッキー山脈が位置しており，火山が多いから。
(2) **ヒスパニック**
(3) **ニューヨーク**
(4) **ヒューストン**

解説
❶ (1) 経緯線などを使った国境は，数理的国境と呼ばれる。
(4) ②は冬小麦地帯である。
(5) メサビ鉄山が，スペリオル湖の西側にある。
❷ (1) 冷帯(亜寒帯)の植生を考える。
(3) 航空機工業や石油化学工業などが発達している大都市はロサンゼルス，大山脈はロッキー山脈，政治の中心はワシントンD.C.である。
❸ (1) 地熱発電は，火山活動による熱を利用する発電方法であることから考える。問題文の「高くて険しい山脈や列島の連なり」とは「環太平洋造山帯」か「変動帯」であり，その語句が入らなければ正解にはならない。

---

9 南アメリカ

Step 1 解答 p.38～p.39

❶ ❶ **アマゾン** ❷ **セルバ** ❸ **カンポ**
❹ **ラプラタ** ❺ **パンパ** ❻ **アンデス**
❷ (1) **ア，ペルー** (2) **ウ，アルゼンチン**
(3) **コーヒー** (4) **鉄鉱石**
(5) **さとうきび**
❸ (1) **X—ウ Y—ア Z—イ**
(2) **焼畑(農業)，Y**

解説
❶ ❶ アマゾン川流域には熱帯林が広がる。
❺ 肥沃な大草原地帯である。
❻ 南アメリカ大陸を南北に連なり，環太平洋造山帯を構成する。
❷ (1) ラテンアメリカは，人種間の混血が進んでいる。
(2) アルゼンチン中央部は，温帯草原。
(3) **ブラジル高原**のテラローシャと呼ばれる肥沃な土壌がコーヒー栽培に適している。
(4) ▲の鉄山をカラジャス鉄山という。ブラジルの鉄鉱石の埋蔵量は，オーストラリアに次いで世界第2位(2018年)。
❸ (1) 緯度と地形を考える。XとYはほぼ同緯度の赤道直下に位置しているが，Xは**アンデス山脈**に位置しており，標高が高いため気温は低いと考えれば，Xは**ウ**，Yは**ア**となる。
(2) キャッサバやバナナは熱帯の作物であることから考える。

Step 2 解答 p.40～p.41

❶ (1) **ラテン** (2) **インカ帝国** (3) **メスチソ**
(4) 記号—**ウ** 国名—**ブラジル** (5) **イ**
(6) **コーヒー**
❷ (1) **ウ** (2) **ア・エ**

解説
❶ (1) スペインやポルトガルは，ラテン系民族である。
(5) **ア**はらくだ，**イ**はリャマ，**ウ**は牛，**エ**はトナカイである。アンデス地方で飼われているのはリャマやアルパカである。
❷ (1) 赤道はアマゾン川の河口を通過するので，Aを選ぶ。X国はブラジルで，ブラジルはかつてポルトガルの植民地だったので，ポルトガル語が

7

公用語である。ブラジル以外の南アメリカの
国々はスペイン語が公用語の国が多いので，注
意したい。

☑ 用語 チェック ▶ パンパ

ラプラタ川流域に広がる大草原地帯で，降水量
が多い東部では混合農業が，降水量の少ない西部
では牧牛・牧羊がさかんに行われている。

10 オセアニア

Step 1 解答　　　　　　　　　　p.42～p.43

1 ❶ 鉄鉱石　❷ 大鑽井(グレートアーテジアン)
　❸ グレートバリアリーフ
　❹ グレートディバイディング
　❺ シドニー　❻ キャンベラ
　❼ タスマニア　❽ グレートビクトリア
2 (1) アボリジニ　(2) 白豪政策
　(3) A—鉄鉱石　B—石炭　(4) 露天掘り
　(5) グレートバリアリーフ
3 (1) イ　(2) マオリ　(3) エ
　(4) ウルル(エアーズロック)　(5) 羊

解説

1 ❶ 鉄鉱石の多くを日本に輸出している。
　❷ 大規模な牧牛・牧羊地帯である。
　❺ 2000年にはオリンピックが開かれた。
　❻ オーストラリアの首都で，中心から放射状に道
　　路が整備されている。
2 (1) オーストラリアの先住民はアボリジニで，ニ
　　ュージーランドの先住民はマオリである。
　(2) 現在は白人以外の移民を積極的に受け入れ，**多
　　文化社会**をめざしている。
　(3) オーストラリアは鉄鉱石と石炭の輸出がさかん
　　である。
　(4) 露天掘りは機械を利用しやすく，安全かつ安価
　　に採掘できるが，広範囲に環境が破壊されると
　　いう欠点がある。
3 (3) フィリピンは東南アジアに位置し，アジア州に
　　含まれる。
　(4) 先住民のアボリジニの聖地でもある。

Step 2 解答　　　　　　　　　　p.44～p.45

1 (1) 〔解答例〕両国ともにイギリスの植民地だっ
　　た。　(2) エ　(3) 石炭　(4) イ
2 (1) イ　(2) ウ　(3) ウ　(4) ア
　(5) 記号—ウ　説明—〔解答例〕乾燥に強い羊の
　　放牧がさかんである。　(6) 〔解答例〕異なる
　　文化を認め合い尊重し合う考え方。

解説

1 (1) かつてイギリスの植民地だった，A国のオース
　　トラリア，B国のニュージーランド，カナダや
　　インドなどは，**イギリス連邦**の構成国である。
　(3) 日本は石炭輸入量の約60％をオーストラリアに
　　依存している。
　(4) この風は**偏西風**である。地図中，サザンアルプ
　　ス山脈の西側地域のほうが降水量が多いことか
　　ら，風向きを導き出すことができる。
2 (1) 兵庫県明石市は，日本の標準時子午線が通る。
　(2) 日本がオーストラリアから輸入している品目の
　　第1位は液化天然ガスで，第2位は石炭，第3
　　位は鉄鉱石である(2019年)。
　(5) ウは大鑽井盆地で，羊や牛の放牧が行われてい
　　る。また，牛は降水量が多い東側の地域でもた
　　くさん飼われている。

Step 3 ② 解答　　　　　　　　p.46～p.47

1 (1) エ　(2) ウ　(3) サンベルト
　(4) 〔解答例〕降水量はあまり多くはないが，地
　　下水をくみ上げて農業用水として利用でき
　　る地域だから。　(5) ア
2 (1) 記号—ア　理由—〔解答例〕カナダの太平洋
　　側には，高くて険しいロッキー山脈が位置
　　しているから。
　(2) オーストラリア—〔解答例〕温帯の沿岸部に
　　都市は分布している。
　　カナダ—〔解答例〕アメリカ合衆国国境に近
　　い冷帯の地域に都市は分布している。
　(3) エ　(4) 多文化社会

解説

1 (1) 地球が球体であるということを頭に入れておく。
　(2) 問題文中「**ア，エ**は7月の平均気温が最も高い。」
　　という部分から，**ア・エ**は北半球，**イ・ウ**は南
　　半球であることがわかる。dは南半球の温帯に

位置していることから，7月に冬の気温を示す**ウ**であるとわかる。

2 (3) オーストラリアと日本は，ほぼ同経度に位置している。図Ⅲでは，本初子午線(経度0度)の線が図の中央に引かれていることに注目する。

(4) 多文化社会とは，異なる文化を認め合い尊重し合うこと。多文化共生社会ともいう。カナダやオーストラリアは代表的な推進国である。

第3章 地域調査，日本の地域的特色と地域区分

11 地域調査

Step 1 解答　　p.48〜p.49

1 ❶計曲線　❷主曲線　❸針葉樹林
❹広葉樹林　❺小・中学校
❻果樹園　❼郵便局　❽5万
2 (1)国土地理院　(2)北　(3)水準点　(4)1,600m
(5)ア
3 (1)50m　(2)2万5千分の1　(3)①○　②×
(4)扇状地

解説

1 ❽ 計曲線が100mごとに引かれているので，5万分の1の地形図である。2万5千分の1の地形図の計曲線は，50mごとに引かれている。
2 (4) 6.4cm×25000＝160,000cm＝1,600m である。
3 (2) 計曲線が50mごとなので2万5千分の1の地形図である。
(3) ① 千米寺の神社は390mの地点付近，勝沼町藤井の神社は430mの地点付近にある。② 北西ではなく北東である。
(4) 等高線がほぼ平行となる典型的な扇状地を見せている。

Step 2 解答　　p.50〜p.51

1 (1)ウ　(2)エ　(3)1,250m　(4)扇状地
2 (1)エ　(2)オ　(3)イ　(4)ア(オ)
3 地形—三角州　記号—イ

解説

1 (1) 等高線の数が多いほど高低差は大きい。
(2) **ア**. 川の流れが逆，**イ**. 果樹園ではなく水田，**ウ**. 北西ではなく南西である。
(3) 5cm×25000＝1,250m。

2 (3) 地形図上で長さを測り，その長さに縮尺の分母をかけて実際の距離を求める。
3 河口付近にできる三角州は水田に利用されることが多い。

Step 3 ① 解答　　p.52〜p.53

1 (1)イ　(2)ウ　(3)針葉樹林　(4)ア，エ
2 (1)記号—C　説明—〔解答例〕農地(畑)から建物の多い，市街地に変わった。
(2)〔解答例〕一人暮らしの高齢者数が増加している状況。
(3)エ

解説

1 (2) 地点Xはおおよそ標高2,050m，地点Yはおおよそ標高1,900mである。
(4) **ア**. 主曲線は細い等高線で，2万5千分の1の地形図では10mごとに引かれている。50mごとに引かれている太い等高線は計曲線である。
エ. 奈良公園は若草山の三角点から南西の方向に位置している。
2 (2) 1世帯あたりの人数が減少していること，65歳以上の割合が急増していること，資料1の「健康状態を確認」などがポイント。

12 日本の自然環境

Step 1 解答　　p.54〜p.55

1 ❶アルプス＝ヒマラヤ　❷環太平洋
❸ロッキー　❹アマゾン　❺アンデス
❻チベット　❼ナイル
2 (1)A—奥羽山脈　B—飛驒山脈
(2)三角州　(3)リアス海岸
(4)季節風(モンスーン)　(5)梅雨
(6)ハザードマップ(防災マップ)
3 (1)①イ，太平洋側の気候
②ア，日本海側の気候
③エ，瀬戸内の気候
④ウ，内陸性(中央高地)の気候
(2)①ア　②エ

解説

1 ❶・❷ の造山帯は，地殻が不安定であるため火山が多く，地震も多発する。

9

⑤ アンデス山脈には，キト(エクアドル)，ラパス(ボリビア)などの高山都市が見られる。

2 (2) 一般に**三角州**は，水田に利用されることが多い。

(3) **リアス海岸**は，三陸海岸のほかに，若狭湾や志摩半島などでも見られる。

(4) 夏の**季節風**は太平洋側に多くの降水量をもたらし，冬の季節風は日本海で水分を含み，日本海側に多くの降雪をもたらす。

3 (2) ①は冬の降水量の多さから，日本海側の気候であることがわかる。②は一年を通して降水量が比較的少なく，温暖であることから瀬戸内の気候であることがわかる。

✅ **用語チェック ▶ リアス海岸**

谷が沈んだり，海面が上昇したりすることでできた複雑な海岸地形。入り組んでいるため波が穏やかで良港が形成されやすい。しかし，津波のときには波が高くなり大きな被害をもたらす。2011年の東日本大震災のときにも三陸海岸は深刻な被害を受けた。

Step 2 解答	p.56〜p.57

1 (1) フォッサマグナ　(2) ア

(3) 記号—ア　理由—〔解答例〕他の2つのグラフよりも冬に降水量が多く，平均気温も低いから。

2 (1) ① エ　② 〔解答例〕河口からの距離が短く，流れが急である。

(2) ① 扇状地　② エ

3 (1) 千島海流(親潮)

(2) 〔解答例〕海岸が入り組んでおり，湾内は比較的波が静かであるため。

(3) やませ

解説

1 (1) 新潟県の糸魚川から静岡までの線が西側のふちであるが，東側のふちは諸説ある。

(3) A(瀬戸内の気候)：降水量が少ない→**ウ**。B(太平洋側の気候)：夏の降水量が多い→**イ**。C(日本海側の気候)：冬の降水量が多い→**ア**。

2 (1) ② 資料1に出てきている外国の川は標高が高くても，そこから比較的ゆるやかに流れているのに対し，日本の川は，河口までの距離が**短く流れが急である**。

(2) **扇状地**と**三角州**を混同しないように注意。どちらも河川による土砂の堆積によって形成されるが，形成される場所，土地利用などに違いが見られる。

3 (2) 複雑に入り込んだ海岸線では潮の流れや波がどうなるかを考えてみる。

---

13 日本の人口

Step 1 解答	p.58〜p.59

1 ❶ 札幌　❷ 仙台　❸ 10　❹ 名古屋

❺ 大阪　❻ 広島　❼ 福岡

2 (1) A—富士山型　B—つりがね型

C—つぼ型　(2) つぼ型

(3) 少子高齢社会　(4) 過疎地域

3 (1) A—スウェーデン　B—インド

C—日本　(2) ア

解説

1 日本の人口密度は約338人/km²(2019年)。人口の大部分が平野部の大都市に集中している。

❸ 東京都には日本の人口の約1割が集中している。人口の一極集中といえる。

2 (1) 人口ピラミッドのモデルである。Aは人口増加型，Bは人口停滞型，Cは人口減少型である。

(2) 日本は人口の減少が始まっている。

3 (1) 高齢者の割合の高さからCが日本となる。Aは老年人口の割合からスウェーデン，Bは年少人口の割合からインドと判断する。

(2) 人口ピラミッドは富士山型→つりがね型→つぼ型へと移行する。

Step 2 解答	p.60〜p.61

1 (1) ウ　(2) ウ

2 (1) イ　(2) 高齢(高齢化)社会

(3) ア→ウ→イ　(4) イ　(5) 過疎

3 (1) 〔解答例〕短い期間で高齢化が進んでいる

(2) 記号—ウ　理由—〔解答例〕東北地方や中国・四国地方など過疎化が進んでいる地域が多いから。

解説

1 (1) 人口増加が特に著しいのはアジアとアフリカ。世界人口の約6割がアジアに集中していることから**エ**がアジア，**ウ**がアフリカと判断する。

2 (5) 1960年代の**高度経済成長期**から地方から都市部への人口流出が始まり，**過密**地域と**過疎**地域の差が問題になり始めた。

3 (1) 日本はグラフの大きな傾（かたむ）きから，高齢化が急激に進んでいると読み取れる。

(2) 老年人口の割合は，人口が少ない県の方が多くなりがちである。

Step 3 ②　解答　　　　　　　p.62～p.63

1 (1) 〔解答例〕暖流と寒流がぶつかるところ（潮目，潮境）になっているから。

(2) 台風

(3) 〔解答例〕この島を失うことで広大な排他（はいた）的経済水域を失うという問題が生じる。

2 (1) 5つ

(2) 県名—宮崎県

気候—〔解答例〕季節風が九州山地にさえぎられ，冬は降水量が少ない。

(3) ア

3 (1) 河川名—富士川（ふじ）　記号—ア（かせん）

(2) a—イ　b—ウ　c—ア

(3) ウ

解説

1 (1) 潮目（潮境）はプランクトンが多く繁殖（はんしょく）し，好漁場となっている。

(3) 排他的経済水域を失うということは，漁業資源や鉱産資源を失うことにつながる。

2 (3) ウ．人口が少ない→宮崎県，エ．農業産出額が少ない→神奈川県，イ．農業，工業ともにさかん→千葉県，残った**ア**が福岡県。

3 (1) Yの利根川（とね）は日本で最も広い関東平野を流れるため，関東平野に入ると流れがゆるやかになる。

(2) aは日本海側の気候で冬の降水量が多い。bは瀬戸内（せとうち）の気候で全体に降水量が少なく，温暖。cは太平洋側の気候で夏の降水量が多く，温暖。

(3) 増水した川が一気にあふれ出さないように，切れ目を入れている。

14　日本の資源・エネルギー

Step 1　解答　　　　　　　p.64～p.65

1 ❶ 中東　❷ サウジアラビア　❸ ベネズエラ
❹ イラン　❺ ロシア（連邦）（れんぽう）

---

2 (1) A—石炭　B—石油　C—原子力

(2) リサイクル

3 (1) エ　(2) 原子力発電所

解説

1 ❶ サウジアラビア，イラン，イラクなどの地域を中東という。産油国はペルシア（ペルシャ）湾岸（わんがん）諸国が多い。それ以外では原油・天然ガスともにアメリカ合衆国，ロシア，カナダが上位に入ることもチェックしておこう。

2 (1) 2011年の東日本大震災（だいしんさい）による福島（ふくしま）第一原子力発電所事故以降，原子力の割合は急減している。

3 (1) A．圧倒（あっとう）的に発電量が多い→日本，B．火力が100%→産油国であるサウジアラビア，C．原子力発電の割合が大きい→フランス，残ったDがブラジル。ブラジルでは大規模なダムがつくられた。

(2) 福島県，福井県に多いことから判断。現在，ほとんどの原子力発電所は運転を停止している。

Step 2　解答　　　　　　　p.66～p.67

1 (1) イ　(2) ア

(3) ① バイオマス発電　② ア

2 (1) イ

(2) 〔解答例〕経済的に豊かな先進国のため，一人あたりのGDPとエネルギー消費量が多いこと。

(3) 〔解答例〕（日本と比べて，ロシアは，）化石燃料のエネルギー供給の割合は低く，再生可能エネルギーの供給の割合も低い。

(4) B—ア　E—ウ

解説

1 (2) 石炭，原油，液化天然ガス，鉄鉱石などの主要な資源は輸入相手国を把握（はあく）しておこう。

(3) ② 新エネルギー（再生可能エネルギー）は供給面とコスト面から実用化に課題があるが，資源の乏（とぼ）しい日本にとっては今後導入していく必要のあるエネルギー。イは石炭，ウは天然ガス，エは原子力。石炭と天然ガスの二酸化炭素排出（はいしゅつ）量の多さが読みとれる。

2 (1) ブラジルで割合の高いイが水力。フランスで割合の高いウは原子力，日本で割合の高いアは火力である。

(2) 世界平均の値も参考に，日本とフランスが経済的に豊かな先進国であることをグラフから読み取る。

(3) 石炭，石油，天然ガスは化石燃料，水力・地熱・太陽光・風力，バイオ燃料と廃棄物は再生可能エネルギーに分類される。

(4) Aは**イ**，Cは**エ**，Dは**オ**，Fは**カ**にあてはまる。

15 日本の産業

p.68〜p.69

1 ❶中京　❷阪神　❸北九州　❹京浜
　　❺瀬戸内　❻太平洋ベルト

2 (1)〔解答例〕原料の輸入と工業製品の輸出に便利だから。　(2)食料自給　(3)近郊農業
　　(4)促成栽培　(5)育てる　(6)栽培漁業

3 (1)**イ**　(2)①貿易摩擦　②産業の空洞化

解説

1 ❸ 明治時代に建設された官営の八幡製鉄所を基盤とし，金属工業（鉄鋼業）を中心に発展した。

❻ 東京，名古屋，大阪の三大都市圏も含まれ，過密地域でもある。

2 (1) 原料を輸入し，工業製品を輸出する貿易を加工貿易という。

(2) 日本の**食料自給率は37％**（2018年）。先進国の中ではきわめて低い。

(4) 宮崎平野でもさかん。

3 (1) 日本は自動車を中心とした機械工業やICT産業がさかんである。

(2) ② 産業の空洞化は，失業者の増大などにつながるおそれがある。

Step 2　解答

p.70〜p.71

1 (1) A—愛媛県　B—山口県　C—茨城県
　　(2)**ア**　(3)**イ**
　　(4)〔解答例〕魚介類の輸入量が増えたから。

2 (1)**ウ**　(2) A—中京工業地帯
　　B—北関東工業地域　C—京浜工業地帯
　　D—京葉工業地域
　　(3)記号—**イ**　特色—〔解答例〕消費地である大都市に近い。

解説

1 (1) 果実の産出額が最も高いAは，みかんなどかん

きつ類の生産がさかんな愛媛県，化学工業の製造品出荷額が最も高いBは，岩国市など沿岸部に石油化学コンビナートが広がる山口県，野菜の産出額が最も高いCは，東京大都市圏へ出荷する近郊農業がさかんな茨城県。

(2) **イ**は日本最大級の砂丘から鳥取県，**ウ**は菊の施設園芸農業から愛知県。

(4) 資料3から自給率が下がっていることが読み取れる。自給率が下がっているにもかかわらず，消費量が下がっていないということは，その分を輸入で補っていることがわかる。

2 (2) Aは機械の割合が圧倒的に大きい→中京工業地帯，Dは機械よりも化学の割合が大きい→京葉工業地域。京浜と北関東はともに機械がさかんだが，原料の輸入ができない北関東のほうが化学の割合が小さくなる。

(3) **イ**．野菜は鮮度を保たなくてはならないので，近郊農業がさかんな地域で生産が多くなる。**ア**は新潟県から米，**ウ**は長野県，山梨県から果実。

✅ 用語チェック ▶ ICT産業

ICTとは，情報通信技術の略でIT（情報技術）とほぼ同意だが，情報技術に通信技術を合わせたものである。コンピューターやインターネットなどの情報やサービス，技術，通信，設備などに関連する産業で，自動車とともに日本の産業の中心になっている。

16 日本の貿易・交通・通信網

Step 1　解答

p.72〜p.73

1 ❶新千歳　❷東北　❸中国　❹青函
　　❺成田国際　❻東京国際（羽田）　❼中央
　　❽中部国際　❾瀬戸大橋　❿関西国際

2 A—航空機　B—自動車　C—鉄道

3 (1) A—綿織物　B—機械類
　　(2) C—軽　D—重（重化学）

解説

1 ❶ 1988年に千歳空港の南に建設され，北海道の空の玄関口となった。

❺ 港別貿易額が全国一。小型で高価な製品の輸出入が多い。

❿ 大阪国際（伊丹）空港周辺の騒音解消のため，

1994年に大阪湾泉州沖につくられた。

2 日本で鉄道は通勤や通学の手段に使われ，旅客輸送では一定の割合を保っているが，自動車の普及と高速道路の整備にともない，貨物輸送においては自動車に役目を奪われ，割合は大きく低下した。

3 (1) 戦前は綿織物などの繊維品が輸出され，綿花などの繊維原料が輸入された。

Step 2 解答	p.74～p.75

1 (1) ウ　(2) イ・エ(順不同)　(3) ① A　② B
　　(4) ハブ空港
2 (1) ア　(2)〔解答例〕高速バスや自動車の利用が増え，鉄道や航空機，船舶の利用が減った。

解説

1 (1) SNSはソーシャルネットワーキングサービスの略である。
　(2) ア．400万人を上回っているので誤り。イ．1993年の訪日外国人旅行者は約340万人。2018年のそれは，3,000万人を超えているので正しい。
　　ウ．中国からの訪日旅行者は1,500万人台であるが，50％をわずかに下回っている。エ．2018年の韓国からの訪日旅行者は750万人台なので正しい。
　(3) 貿易収支とは輸出額と輸入額の差額のことで，輸出額のほうが多ければ貿易黒字，輸入額のほうが多ければ貿易赤字となる。Aはアメリカ合衆国，Bは中国，Cはカナダ，Dはインド，Eはオーストラリア。
2 (1) 2016年に開業した北海道新幹線。
　(2) 本州・四国連絡橋が開通して，連絡橋を利用する自動車や高速バスの利用が増えた。

Step 3 ③ 解答	p.76～p.77

1 (1) B—ウ　C—ア　(2) 青函トンネル
　(3) 青森県—エ　千葉県—ア
　(4) 青森県—ア　新潟県—イ
2 (1)〔解答例〕発電に使う原料の輸入がしやすいので，沿岸部
　(2) ウ
　(3) 記号—ア　理由—〔解答例〕高価で小型軽量な製品の輸出が多いから。
　(4) イ

---

1 (1) エは「冬の日照時間が最も長く」の記述から，冬の季節風の影響が最も少ないD，アは「山間の」の記述から険しい地形と判断してC，ウは冬の北西の季節風を受ける点，さらに「積雪が舞い上がる」の記述から，背後に山地があり積雪が多いと考えられるB，イは偏西風を生かしやすい環境と考えられるのでAと判断する。
　(3) 石油・石炭製品と化学が上位を占めるアは千葉県，高度経済成長期に沿岸部を埋め立て，石油を輸入するための港と石油化学コンビナートをつくった。そのため，化学工業が発展している。イは食料品工業がさかんな北海道，ウは古くから織物機械や楽器の生産がさかんで，その技術を生かしたオートバイの生産などもさかんな静岡県，最も製造品出荷額が少ないエが青森県と判断できる。
2 (1) 沿岸部に集中していることとその理由が原料の輸入であることにふれる。
　(4) 北海道は酪農がさかん。アはかき類，ウはりんご，エはこんぶ類。乳用牛は，北海道が60％近くで，栃木県が上位に入ることを覚えておくと便利。

第4章　日本の諸地域

17　九州地方

Step 1 解答	p.78～p.79

1 ❶ 筑紫　❷ 筑後　❸ 阿蘇　❹ 有明
　❺ 九州　❻ 宮崎　❼ シラス　❽ 桜島(御岳)
　❾ 屋久島
2 (1) 八幡製鉄所，A　(2) 宮崎平野，F
　(3) 阿蘇山，D　(4) 沖縄県
3 (1) ウ　(2) 水俣市　(3) IC(集積回路)　(4) エ

解説

1 ❶ 筑紫平野には，低湿地の排水やかんがいのためにつくられた人工水路(クリーク)が見られる。
　❹ 有明海は，のりの養殖がさかんである。
　❼ シラス台地では，畜産や畑作がさかん。
2 (1) 北九州市は，鉄鋼の原料を調達しやすい土地だった(三池・筑豊炭田の石炭，中国から輸入される鉄鉱石)。

(3) カルデラとは，火山が噴火したあとに頂上部が落ちこんでできたくぼ地である。

3 (1) **ア**は福岡市，**イ**は大分市，**ウ**は佐世保市，**エ**は延岡市である。

(2) 水俣病は四大公害病の１つ。

(3) アメリカ合衆国の電子工業がさかんな地域であるシリコンバレーに由来する。

Step 2 解答 p.80～p.81

1 (1) ① シラス　② エ

(2) ① イ　② 環境モデル都市

(3) 〔解答例〕雨水を一時的にためて，洪水を防ぐ

2 (1) 黒潮(日本海流)

(2) S

(3) リアス海岸

(4) 〔解答例〕１年間に２種類の農作物を同じ耕地で栽培する方法。

(5) エ

解説

1 (1) ② 水持ちの悪いシラス台地でも栽培できるさつまいもなどの畑作や畜産がさかん。

(2) ① 水俣病は，化学工場から排出された有機水銀に汚染された魚介類などを，八代海沿岸の人たちが食べ続けたため，おこった。

2 (2) Pは福岡県，Qは長崎県，Rは熊本県，Sは鹿児島県。畜産の産出額が高いAは鹿児島県と判断できる。

(4) 季節により米と麦の２つの農産物を栽培していることを，資料から読み取る。

18 中国・四国地方

Step 1 解答 p.82～p.83

1 ❶ 周南　❷ 広島　❸ 呉　❹ 福山　❺ 倉敷　❻ 瀬戸大橋　❼ 高知　❽ 讃岐

2 (1) ① D，広島県　② C，鳥取県
③ F，愛媛県　(2) イ

3 (1) 鳥取県　(2) ウ　(3) 促成栽培

解説

1 ❷ 中国地方の政治・経済・文化の中心である。このような都市を地方中枢都市(中心都市)という。九州地方では，福岡市がそれにあたる。

❺ 美観地区があり，町並みが保存されている。

2 (1) ① 第二次世界大戦において原子爆弾が投下された県である。原爆ドームが世界文化遺産に登録されている。③ 広島県の尾道と愛媛県の今治とを結ぶルートがある。

(2) Gの香川県は年間を通して降水量の少ない瀬戸内の気候である。Cはア，Hはウ。

3 (2) 真珠の養殖は三重県の英虞湾などが有名である。

(3) 高知県は，なすの生産量が国内１位であり，ピーマンも国内有数の生産地の１つである。

Step 2 解答 p.84～p.85

1 (1) エ　(2) X—ア　Y—イ

(3) A—広島(県)　B—島根(県)

2 (1) 〔解答例〕降水量が少ない(小雨)

(2) 〔解答例〕(市場での供給量が)時期をずらすと少なくなり，野菜の価格が上がるため。

(3) P—機械　Q—化学　R—食料品

3 (1) 〔解答例〕山地にはさまれ，太平洋や日本海からの水蒸気が届きにくいため。

(2) X—とる　Y—養殖業(養殖漁業)

解説

1 (3) Aは人口が多い広島県，Bは冬の降水量が多い日本海側の島根県，Cは果実の産出額が多い愛媛県。

2 (2) 大消費地から遠く，輸送費は高くつく地域での工夫である。

(3) 瀬戸内工業地域の特色として，鉄鋼，石油化学，造船は欠かせない。

3 (1) 模式図から，冬の北西の季節風は中国山地に，

夏の南東の季節風は四国山地にさえぎられることがわかる。

Step 3 ① 解答	p.86〜p.87

1 (1) エ　(2) ア　(3) イ
2 〔解答例〕島の中央部に高い山(宮之浦岳 1,936 m)があり，標高により気候が異なるため。
3 (1) ストロー現象
　　(2) ア
4 (1) ア　(2) エ　(3) C　(4) ウ

解説
1 (1) ア．近畿地方に隣接している。イ．兵庫県と徳島県，岡山県と香川県，広島県と愛媛県を結ぶルートがある。ウ．県庁所在地の松山市は約51万人で，四国で最多。
　　(2) アとエの降水量はよく似ているので，気温に注目する。エは気温の低いことから仙台市。
　　(3) 石油化学コンビナートという。
2 頂上付近は高山気候(冷帯)となる。
3 (2) イは野菜の割合が高いので，高知県の促成栽培など野菜の生産がさかんな四国地方，ウは畜産の割合が高いので北海道地方，エは米の割合が高いので北陸地方。よって，アが中国地方となる。
4 (1) 降水量の多いものを選ぶとよい。Aは高知県，Bは鳥取県，Cは広島県，Dは岡山県。
　　(3) 広島県はかき類の養殖がさかんなので，海面養殖業が多い。

19 近畿地方

Step 1 解答	p.88〜p.89

1 ❶ 淡路　❷ 神戸　❸ 京都　❹ 琵琶湖
　　❺ 大阪　❻ 志摩　❼ 紀伊　❽ 和歌山
2 (1) D　(2) A，兵庫県
　　(3) C，大津市　(4) イ
3 (1) ① 阪神工業地帯
　　　　② 〔解答例〕沿岸部には大規模な工場が多く，内陸部は中小工場が多い。
　　(2) 大阪大都市圏　(3) ウ　(4) ア

解説
1 ❶ 瀬戸内海最大の島。
　　❹ 「近畿の水がめ」と呼ばれる日本最大の湖。
　　❻ 真珠の養殖は英虞湾でさかん。

2 (1) 大阪国際空港(伊丹空港)があるが，騒音問題により，大阪湾の泉州沖に24時間離着陸できる関西国際空港がつくられた。
3 (1) ② 沿岸部は埋め立てられ，製鉄や化学などの大工場がつくられた。
　　(4) 鉄鋼，石油化学工業がさかん。

Step 2 解答	p.90〜p.91

1 (1) 琵琶湖　(2) エ
　　(3) ① 大阪府　② ア
　　(4) イ
2 ア・オ(順不同)

解説
1 (2) Yは三重県であり，関係が深いのは隣接している愛知県である。中部地方の北部を北陸地方，南部を東海地方という。
　　(3) ① A―京都府―Q，B―大阪府―R，C―兵庫県―P，D―奈良県―Sとなる。Bは農業生産額以外の項目すべてで最多。② イは兵庫県，ウは大阪府，エは京都府の記述。
　　(4) 兵庫県の西脇市が東経135度北緯35度に位置することを覚えておくと便利。
2 イ．Eの奈良県は，京都府より人口密度は低いが高齢化率は京都府より高い。ウ．人口密度が最も高いCの大阪府よりも，Bの滋賀県の方が高齢化率は低い。エ．高齢化率が全国平均より低いのは，Bの滋賀県・Cの大阪府のみである。

20 中部地方

Step 1 解答	p.92〜p.93

1 ❶ 輪島　❷ イタイイタイ　❸ 精密機械
　　❹ 中央自動車道　❺ 焼津　❻ 牧ノ原
　　❼ 浜松
2 (1) ぶどう　(2) E
　　(3) D，富山県　(4) C，豊田市
3 (1) ① イ　② ウ　(2) ① イ　② エ
　　(3) ① 天竜川　② 愛知

解説
1 ❷ 富山県の神通川流域で発生した。カドミウムによる汚染が原因である。
　　❹ 東京都杉並区〜愛知県小牧市まで通じている。

⑤ 遠洋漁業の基地で，かつお・まぐろ漁が中心である。

⑥ 静岡県の茶の生産は全国の約40％を占める。

2 (3) イタイイタイ病は，四大公害病の１つである。

3 (2) ① 石川県の伝統的工芸品である。

② 2007年４月，**エ**の浜松市は新潟市とともに**政令指定都市**に移行した。

Step 2 解答　p.94～p.95

1 (1) 富山市　(2) ① X―B　Y―A　Z―C

② りんご　(3) 伝統産業(地場産業)　(4) ア

2 (1) ① 世界遺産　② エ　(2) ① エ

② A―滋賀県　B―愛知県　C―岐阜県

D―三重県

解説

1 (1) 冬の降水量の多さから判断して，日本海側の気候である。

(2) 表中Xは**高原野菜**の栽培がさかんな長野県(**B**)であり，表中Zは温暖な気候を利用する果樹栽培がさかんな静岡県(**C**)である。

(4) **イ**は岐阜県，**ウ**は長野県，**エ**は富山県である。

2 (1) ② 都道府県の位置は基礎的な事項なのでしっかり覚えておこう。

(2) ① 人口密度は「人口÷面積」で求められる。また，８つある内陸県はすべて把握しておく。**ア**．人口密度はCがいちばん少ない。**イ**．隣接するのはCとD。**ウ**．Dより人口が少なく，Bは海に面している。

✅ 用語チェック ▶ 高原野菜

高冷地で栽培されるはくさいやレタス，キャベツといった葉物野菜。涼しい気候を好む。

Step 3② 解答　p.96～p.97

1 (1) 和歌山県―エ　愛知県―イ

(2) ラムサール条約　(3) 〔解答例〕長野県の生産地は高地に位置し，夏季にレタス栽培に適した涼しい気候となるため。

2 (1) 三重県　(2) ① ウ　② 〔解答例〕都市中心部を走る自動車の量を減らす

(3) 野菜―x　岐阜県―c　大阪府―b

解説

1 (1) **ア**は大阪府，**ウ**は長野県。

(2) 正式名は「特に水鳥の生息地として国際的に重要な湿地に関する条約」という。1971年，イラン北西部のカスピ海に面する都市ラムサールで採択された。

(3) 涼しい気候を利用して出荷時期を遅らせる栽培方法を抑制栽培という。

2 (1) 三重県四日市市の化学工場から出た亜硫酸ガスが原因で四日市ぜんそくがおきた。

(2) ① 写真からもわかるように新潟県は豪雪地帯である。冬の降水量の多い**ウ**を選ぶ。**ア**は札幌，**イ**は東京，**エ**は那覇を示す。②自動車を郊外の駐車場におき(パーク)，鉄道やバスに乗り換える(ライド)。

(3) 海面漁業漁獲量からaとcが内陸の長野県か岐阜県。果実の産出額からaが長野県と判断できる。bとdは製造品出荷額等からbが大阪府とわかる。大阪の農業を考えると「野菜＜畜産」はありえないのでxが野菜。

21　関東地方

Step 1 解答　p.98～p.99

1 ❶ 関越　❷ 浅間　❸ 北関東

❹ 成田国際　❺ 京葉　❻ 京浜　❼ 横浜

2 (1) 近郊農業　(2) A，神奈川県　(3) 茨城県

(4) 衛星都市

3 (1) イ　(2) c，京葉工業地域　(3) エ

解説

1 ❷ ふもとの嬬恋村ではキャベツの栽培がさかんである。

❺ 市原など大規模な**石油化学コンビナート**がある。

❻ 東京・川崎・横浜を中心とする。

2 (1) せまい土地で多くの資金と労働力を使い，土地生産性をあげる。

3 (1) 横浜市が進めているもので，臨海部の土地を再開発し，国際文化都市の建設をめざしている。

(3) **エ**．スラム化にまでは至っていない。

Step 2 解答　p.100～p.101

1 (1) エ　(2) A―イ　B―ア　C―ウ

(3) エコツーリズム

16

(4) 〔解答例〕都市の中心部の気温が, 都市化の進行によって周辺地域よりも高くなる現象。

2 (1) 〔解答例〕水分をふくんだ北西の季節風が越後山脈をこえる前に, 雨や雪を降らすことで水分を失うから。

(2) 〔解答例〕第二次産業の生産額が多く, なかでも輸送機械の占める割合が大きい。

(3) **エ** (4) **イ** (5) **ウ** (6) **イ**

(7) Uターン(現象)

[解説]

1 (3) 自然に恵まれたところで見られる。東京都であれば, 例えば小笠原諸島などでエコツーリズムがさかんである。

(4) 資料より都心部に近いほど熱帯夜が多い点を読み取る。

2 (2) 製造業がさかんな群馬県には, 外国人(特にブラジル人)の就業者が多い。

(3) **エ**は千葉県の都市。

(4) 京葉工業地域は機械より化学の割合が大きいので注意する。

(6) 京浜工業地帯が機械中心であることから判断できる。

22 東北地方

Step 1 解答 p.102～p.103

1 ❶白神 ❷石巻 ❸大潟
❹東北自動車道 ❺仙台 ❻会津 ❼原子力

2 (1) りんご (2) やませ (3) 七夕祭

(4) D (5) B

3 (1) ① 親潮(千島海流) ② 黒潮(日本海流)

(2) 潮目(潮境)

(3) 曲げわっぱ—ア 将棋の駒—ウ

(4) Ⅰ—もも Ⅱ—さくらんぼ

[解説]

1 ❶ 青森県と秋田県の県境に広がる。

❸ 八郎潟は, 北緯40度の緯線が通る地点。各国の同緯度の都市と気候の特色を比べておこう。

❻ 福島県会津若松市周辺でつくられる伝統的工芸品(漆器)。

❼ 福井県の若狭湾沿岸にも多くある。

2 (1) 青森県のりんごの生産量は全国の50％以上を占める。

(3) 竿燈(秋田市), 花笠(山形市), ねぶた(青森市), 七夕(仙台市)は東北の四大祭である。

3 (2) 潮目(潮境)は暖流と寒流がぶつかり合うところで, 好漁場となっている。

(3) **ア**は大館市, **ウ**は天童市。東北地方には有名な伝統的工芸品が多い。

☑ 用語チェック ▶ **伝統的工芸品**

　伝統的な技法によって, 伝統的に使用されてきた原料を使い, 手づくりされている工芸品の中で経済産業大臣が指定したもの。2021年1月現在, 最も指定品数が多いのは東京都である。

Step 2 解答 p.104～p.105

1 (1) M—奥羽 N—リアス (2) **ウ** (3) **イ**

(4) A—山形県 D—岩手県 (5) 秋田県

2 (1) **ウ** (2) やませ (3) 減反政策 (4) **イ**

(5) 〔解答例〕高速自動車道や空港の近く。

3 (1) 記号—**ウ** 県庁所在地名—盛岡市

(2) 違い—〔解答例〕太平洋側のほうが作況指数が低い。
原因—〔解答例〕太平洋側はやませの影響を強く受けるため。

[解説]

1 (2) **ウ**. 山形新幹線は通っているが, 東北新幹線とは福島で分岐する。

(3) 宮城県の県庁所在都市である仙台市は地方中枢都市。

(4) A. 米と果実の産出額が多い山形県。庄内平野は日本有数の米どころ。D. 面積は北海道に次いで第2位, 東北最大の岩手県。B. 果実の産出額の多い青森県。C. 面積が広く, 工業製品出荷額が多い福島県。

(5) 秋田県秋田市の祭り。

2 (1) 秋田県の大潟村で東経140度の経線と北緯40度の緯線が交わっている。

(2) 太平洋側の地域に冷害をもたらす。

(3) 米の作付面積を減らした。

(4) 200海里漁業水域の設定によって打撃を受けたのは, 宮城県だけでなく日本の遠洋漁業全体についていえる。

(5) ICは高価で軽量なので, 輸送費が高くついても採算がとれる。

3 (1) 岩手県の盛岡市。

(2) 原因の記述の中に「やませ」という語句を入れるか，やませを説明した記述を入れたい。

23 北海道地方

Step 1 解答　　　　　　　　　p.106〜p.107

1 ❶ 稚内（わっかない）　❷ オホーツク　❸ 旭川（あさひかわ）　❹ 札幌（さっぽろ）
❺ 室蘭（むろらん）　❻ 釧路（くしろ）　❼ 新千歳（しんちとせ）　❽ 青函（せいかん）

2 (1) X―十勝（とかち）　Y―日高（ひだか）　(2) 釧路湿原（くしろしつげん）

(3) 食料品工業　(4) 濃霧（のうむ）

3 (1) ① エ　② イ　③ ア　④ ウ

(2) 輪作（りんさく）

解説

1 ❷ オホーツク海沿岸には，冬には流氷がおしよせる。

❻ かつて遠洋漁業がさかんであり，日本一の水揚（あ）げ量があったが，現在は沿岸・沖合（おきあい）漁業が中心である。

2 (2) 知床（しれとこ）は世界遺産条約の**世界自然遺産**に登録されていることも覚えておくとよい。

(3) 地元でとれる原料をもとにつくられている。

(4) 濃霧（ガス）はしばしば冷害をもたらす。

3 (1) ① 十勝平野，② 石狩平野（いしかりへいや），③ 上川盆地（かみかわぼんち），④ 根釧台地（こんせんだいち）である。

(2) 同じ土地で同じ農作物をつくることを**連作**という。

Step 2 解答　　　　　　　　　p.108〜p.109

1 (1) ① 親潮（千島海流）（ちしまかいりゅう）　② c　③ ウ
④ 北方領土　(2) エ

2 (1) 札幌市（さっぽろし）

(2) 〔解答例〕暖流の対馬海流（つしまかいりゅう）の上を通って吹（ふ）く北西のしめった**季節風**の影響（えいきょう）を受ける西部が東部に比べて降雪量が多い。

(3) ウ

(4) 〔解答例〕排他的経済水域の設定で自由に漁業を行えなくなった**遠洋漁業**でおもにとる魚だから。（はいた）

解説

1 (1) ② aは小樽（おたる），bは稚内，cは釧路，dは根室（ねむろ）である。

(2) Aはウ，Cはア，Dはイである。

2 (2) 対馬海流の影響で，東部に比べて西部の方が気温が高い。

(3) アは千葉県，イは高知県，エは兵庫県について説明している。

Step 3 ③ 解答　　　　　　　　p.110〜p.112

1 (1) 岩手県　(2) 〔解答例〕河川（かせん）が土砂（どしゃ）を堆積（たいせき）し，形成された地形。　(3) B―イ　D―ア

(4) ア

(5) 記号―ウ　理由―〔解答例〕冬に雪が多く農業ができないため。

2 (1) やませ　(2) イ　(3) ア　(4) エ

(5) 〔解答例〕果樹の栽培（さいばい）

(6) 〔解答例〕（石油などの）輸入（ゆにゅう）した原料を使って生産する化学関連工業の割合が高い。

3 (1) アイヌ　(2) C2　(3) ウ　(4) ウ

解説

1 (2) 扇状地（せんじょうち）は山のふもとに，三角州（さんかくす）は河口（かこう）付近に形成される。

(3) A―秋田県―米の産出額が多い**ウ**。B―山形県―果実の産出額が多い**イ**。C―群馬県―野菜と畜産（ちくさん）の産出額が多い**エ**。D―埼玉県―近郊農業（きんこう）による野菜の産出額が多い**ア**。

(4) 昼夜間人口比率が100％を超（こ）えている**イ**は東京都。東京と隣接する埼玉県のほうが群馬県より昼間の流出人口が多いと考える。

(5) 秋田県大館市（おおだて）は多雪地。写真は伝統的工芸品の曲（ま）げわっぱ。

2 (2) アは岩手県盛岡市（もりおか），ウは秋田市，エは山形市の祭り。いずれも全国から観光客を集める。

(3) ア．第一次産業が多いBの山形県。イ．第一次産業がわりあい多く，第二次産業が多いCの栃木県。ウ．第一次産業が少なく，第三次産業が多いEの千葉県。

(4) アはEの千葉県。イはBの山形県。ウはAの青森県，オはDの山梨県。

(5) 山梨県（やまなし）の甲府盆地（こうふぼんち）の扇状地（せんじょうち）では，ぶどうやももなどの栽培がさかんである。

(6) Eの千葉県には京葉工業地域（けいよう）が広がる。そこでは化学が半分近くを占（し）める。

3 (3) 北海道は畜産業の割合が最も大きい。